AF410938

9ᵉ Fascicule.

Juin.

LIVRE DU MAITRE

LE

JOURNAL DE CLASSE

Cours élémentaire

Leçons et Exercices de Morale, d'Arithmétique, de Grammaire, d'Histoire, etc.

POUR TOUS LES JOURS DE LA SEMAINE

Par G. DUCOUDRAY

Ouvrage complémentaire du Nouveau Cours du Certificat d'Études

MOIS DE JUIN

AVIS. — Les fascicules suivants paraîtront le 1ᵉʳ de chaque mois.
(En préparation : Journal de classe. — Cours moyen.)

PARIS

LIBRAIRIE HACHETTE ET Cⁱᵉ

79, BOULEVARD SAINT-GERMAIN, 79

AVIS

Par un arrêté du **4 janvier 1894**, rendu après avis du Conseil supérieur, M. le Ministre de l'Instruction publique a modifié ainsi qu'il suit le Programme d'enseignement de l'histoire dans les écoles primaires élémentaires :

Cours élémentaire. *Récits et entretiens familiers sur les plus grands personnages et les faits principaux de l'histoire nationale jusqu'à la fin de la guerre de Cent Ans.*

Cours moyen. *Notions sommaires d'histoire de France, insistant exclusivement sur les faits essentiels depuis la fin du quinzième siècle jusqu'à nos jours.*

Exemple de répartition trimestrielle. — Dans les écoles à une *seule classe* : 1er trimestre. De la fin du xve siècle à 1715. — 2e trimestre. De 1715 à 1815. — 3e et 4e trimestres. De 1815 à nos jours et revision.

Dans les écoles ayant *deux classes* distinctes correspondant aux deux années du Cours moyen : 1re année, 1er trimestre. Des origines à 1610. — 1re année, 2e et 3e trimestres. De 1610 à 1789. — 1re année, 4e trimestre. Revision.

2e année, 1er trimestre. De 1789 à 1804. — 2e année, 2e trimestre. De 1804 à 1848. — 2e année, 3e et 4e trimestres. De 1848 à nos jours et revision depuis 1610.

Notre **Journal de Classe** étant principalement rédigé pour les maîtres des écoles où les différents cours n'ont qu'une seule classe, nous avons cru devoir adopter la répartition de l'enseignement afférente à ces écoles. Dès le mois de février nous appliquons le nouveau programme, certains que les maîtres sauront bien par des leçons supplémentaires combler la lacune que nous ouvrons. Du reste, pour les maîtres qui ne voudraient pas déranger cette année l'ordre de leur enseignement, nous donnerons à la fin du mois les leçons telles que nous les avions préparées selon l'ancien programme.

PETITS CHANTS D'ÉCOLE

LE BON ÉCOLIER

1. Dès qu'il a quitté sa demeure
   Il se hâte, il presse le pas ;
   On est sûr qu'il ne voudrait pas
   Venir à l'école après l'heure.
   A la règle il sait se plier,
   Imitons le bon écolier (*bis*).

2. Des cheveux jusqu'à la chaussure,
   Qu'il est propre et qu'il est soigneux ;
   Par les temps les plus rigoureux
   Il lave ses mains, sa figure.
   Pas de tache à son tablier,
   Imitons le bon écolier (*bis*).

3. Il est doux et docile en classe,
   Gentiment, il fait son devoir
   Et jamais on n'a pu le voir
   Perdre un moment du temps qui passe.
   Pour modèle on prend son cahier,
   Imitons le bon écolier (*bis*).

4. Il remplit si bien sa journée
   Et d'apprendre il a tel désir,
   Que son maître, avec grand plaisir,
   Lui donne des prix chaque année.
   Pour gagner de brillants lauriers
   Imitons les bons écoliers (*bis*).

LE JOURNAL DE CLASSE
COURS ÉLÉMENTAIRE

PROGRAMME

MOIS DE JUIN

Morale. — Devoirs envers les autres hommes.

Mabilleau, *Cours élémentaire*. Deuxième partie, chap. ii. *Devoirs envers les autres*, p. 70.

Instruction civique. — Explication des mots pouvant éveiller une idée patriotique.

Mabilleau, *Cours d'instruction civique*.
Jules Simon, *Le livre du petit citoyen*.

Arithmétique. — Notions sur le système métrique.
Procédés de calcul mental.
La division.

Lefranc, *Arithmétique*, p. 58.

Grammaire. — Les verbes actifs. Les verbes passifs, neutres, réfléchis. Les mots invariables.

Duplessis, *Grammaire Lexique*, p. 71-90.

Histoire. — La civilisation au moyen âge. Aperçu sur l'histoire depuis la guerre de Cent Ans.

G. Ducoudray, *Histoire et civilisation de la France*, p. 50.

Géographie. — Premières notions sur la France.

Lemonnier et Dubois, *Atlas*.

Leçons de choses. — La ferme. Le règne végétal (suite).

Lecture courante.

Paul Poiré, *Premières notions sur l'industrie*.
Mme Carraud, *Maurice ou le Travail* (garçons); *Jeanne ou le Devoir* (filles).
Pécaut, *Petit livre de lectures*.
Lebreton, *Premier livre de lecture courante*.
Delapalme, *Premier livre de l'adolescence*.
Jost, *Lectures pratiques*.
J. Masson, *Le livre des petits enfants*.
Mme Murique, *Maman et petite Jeanne*.
Garsault, *Les causeries d'un grand-père*.
Hector Malot, *Capi et sa troupe*.

Ch. Defodon, *Choix de Fables*.
Th. Barrau, *Le livre de morale pratique*.
Parent, *Premières lectures courantes*.
Th. Lebrun, *Livre de lecture courante*.
Mme Colomb, *Récits et Historiettes*.

Travaux manuels[1]. — (*Programme de la ville de Paris*, 1891, 3° *trimestre*.) — Pliage, tissage.

Couture. — (*Programme de la ville de Paris*, 1891, programme de l'année entière.) — Marque. Couture.

Ch. Delon, *Exercices et travaux pour les enfants*, 2° partie.
Em. Faivre, *Le travail manuel à l'école*.
Mlle Wirth, *Premières notions d'économie domestique*.
— *La future ménagère*.
Mme Cécile Regnard, *Manuel de travaux à l'aiguille*.
Pécaut, *Petit cours d'hygiène*.

Dessin. — (*Programme de la ville de Paris*, 1891.) — Lignes géométriques.
Applications aux usages.
Notions sur les couleurs.

D'Henriet, *Cours de dessin des écoles primaires*.

Ecriture. — Étude des lettres.

Régimbeau, *Premiers essais d'écriture et d'orthographe*.
Manoury, *Cahier n°s* 7, 8.

Chant.

Danhauser, *Chants pour les écoles*.
— *Premiers éléments de musique*.
Savard, *Premières notions de musique*.
Papin, *Méthode pratique de musique vocale*, 1re partie.
Delcasso et Gross, *Recueil de morceaux choisis*.
Ch. Arrenaud, *Classiques de l'enfance*.
Pauraux, *Les chants du foyer*.
Mlle S. Brès et Mlle L. Collin, *Douze chants pour les enfants*.

MÉMENTO ADMINISTRATIF

Adresser à l'inspecteur et au maire l'extrait mensuel du registre d'appel.

1. Le matériel nécessaire pour le travail manuel se trouve à la librairie Hachette.

MORALE

Devoirs envers les autres hommes. — LEÇON. Vous avez des devoirs envers vos parents de tout degré, envers vos maîtres et vos camarades, envers vous-mêmes. Vous en avez aussi envers les autres hommes. « Mais je ne connais pas les autres hommes, dira Pierre ou Paul. Que m'importe un tel ou un tel? » Comment! Ce sont des hommes comme vous, vos semblables. Vous devez en eux respecter votre propre dignité. Les honorer, sachez-le, c'est vous honorer vous-mêmes.

RÉSUMÉ. — Les autres hommes sont nos semblables et, en les respectant, nous nous respectons nous-mêmes.

ARITHMÉTIQUE

Système métrique; le franc. — LEÇON COMPLÉMENTAIRE. Quand vous jouez, vous ne pouvez évaluer exactement combien de billes il faut pour valoir une balle. Mais vous savez combien on a de billes ou de balles pour une pièce de cinq centimes. La pièce de cinq centimes, c'est une *mesure* commune, c'est la **monnaie**. Elle sert à déterminer la valeur des objets et à faciliter les échanges. Avec un peu de monnaie vous pouvez aller chez le boulanger, chez l'épicier, chez le boucher, qui vous donnent, en échange, une quantité de marchandise. L'unité de mesure, pour la monnaie, est, nous l'avons dit, le *franc*. C'est une pièce d'argent d'un poids fixé, par la loi, à cinq grammes d'argent. On compte les francs comme on compte les mètres, les litres, les grammes.

EXERCICES : 2 fr. $+ 6 + 20 = 28$ fr. | 38 fr. $- 4 - 30 = 4$ fr. | 3 fr. $\times 6 \times 2 = 36$ fr.

GRAMMAIRE

Le verbe; deuxième conjugaison (p. 71, n° 157). — LEÇON. Quand on sait une conjugaison, on apprend vite les autres, car il n'y a que de légers changements dans les terminaisons. La *seconde conjugaison* se termine en **ir** au lieu de *er* : les terminaisons des temps simples seront en *is, issais, irais*. Les temps composés, comme dans la première, sont formés des verbes auxiliaires et du participe passé *fini*

MODE INDICATIF		MODE CONDITIONNEL	MODE SUBJONCTIF
PRÉSENT	**IMPARFAIT**	**PRÉSENT**	**PRÉSENT**
Je fin is	Je fin issais	Je fin irais	Que je fin isse
Tu fin is	Tu fin issais	Tu fin irais	Que tu fin isses
Il fin it	Il fin issait	Il fin irait	Qu'il fin isse
Nous fin issons	Nous fin issions	Nous fin irions	Que nous fin issions
Vous fin issez	Vous fin issiez	Vous fin iriez	Que vous fin issiez
Ils fin issent	Ils fin issaient	Ils fin iraient	Qu'ils fin issent
PASSÉ INDÉFINI	**PLUS-QUE-PARFAIT**	**PASSÉ**	**IMPARFAIT**
J'ai fini	J'avais fini	J'aurais fini	Que je fin isse
PASSÉ DÉFINI	**FUTUR**	**MODE IMPÉRATIF**	Que tu fin isses
Je fin is	Je fin irai	Fin is	Qu'il fin ît
Tu fin is	Tu fin iras	Fin issons	Que nous fin issions
Il fin it	Il fin ira	Fin issez	Que vous fin issiez
Nous fin îmes	Nous fin irons	**PARTICIPE**	Qu'ils fin issent
Vous fin îtes	Vous fin irez	PRÉSENT : Fin issant — PASSÉ : Fini Ayant Fini	**PASSÉ**
Ils fin irent	Ils fin iront	**MODE INFINITIF**	Que j'aie fini
PASSÉ ANTÉRIEUR	**FUTUR ANTÉRIEUR**	PRÉSENT : Fin ir — PASSÉ : Avoir fini	**PLUS-QUE-PARFAIT**
J'eus fini	J'aurai fini		Que j'eusse fini

EXERCICES. CORRIGÉ (p. 72). — CAMPAGNE. — *Conjuguer avec un complément direct aux temps indiqués.* — Modèle : *J'aplanis un champ.*

INDICATIF PRÉSENT		PASSÉ DÉFINI	
346. j'aplanis (un monticule)	j'embellis (un jardin)	**347.** je ramollis (la terre)	je salis (les allées)
je rafraîchis (une plante)	j'emplis (un réservoir)	je refroidis (l'eau)	je taris (la source)

FUTUR		SUBJONCTIF	
j'assainirai (le pays)	je franchirai (le passage)	**348.** que je nourrisse (la volaille)	que j'éclaircisse (le taillis)
j'appauvrirai (le sol)	je gravirai (la montagne)	que je rajeunisse (l'arbre)	que j'affermisse (le sol)

INDUSTRIE. — *Conjuguer avec un complément direct aux temps indiqués.*

INDICATIF PRÉSENT	IMPARFAIT	PASSÉ DÉFINI	FUTUR
349. Je démolis (le mur) je bâtis (une maison) je noircis (le tableau)	**350.** Je crépissais (les murs) je rebâtissais (le hangar) je blanchissais (la façade)	**351.** Je vernis (les meubles) je rougis (le fer) je fourbis (les armes)	**352.** J'arrondirai (le bois) je pétrirai (la pâte) je polirai (le bijou)

353. *Trouver les industries ou les ouvriers auxquels se rapportent les verbes des lexiques 349-352 et en faire le sujet ou le complément d'une phrase.* — Modèle : *Le maçon démolit la maison.*

Le maçon démolit le mur. — Le maçon bâtit la maison. — Le peintre noircit le tableau. — Le maçon crépit les murs. — Le maçon rebâtit le hangar. — Le peintre blanchit la façade de la maison. — L'ébéniste vernit les meubles. — Le forgeron fait rougir le fer. — L'armurier fourbit les armes. — Le tourneur arrondit le bois. — Le boulanger pétrit la pâte. — Le bijoutier polit le bijou.

HISTOIRE

Philippe le Bel. Revision. — QUESTIONNAIRE (p. 40, n° 14). — **106.** Quel était le caractère de Philippe le Bel? C'était un prince dur et dissimulé. — **107.** Quelle province avait-il soumise? La Flandre. — Quel désastre éprouvèrent les Français en Flandre? A *Courtrai* (1302). — Où Philippe le Bel le vengea-t-il? A *Mons-en-Pevèle* (1304). — **108.** Avec quel pape Philippe entra-t-il en lutte? Avec le pape Boniface VIII. — Où chercha-t-il un appui dans cette lutte? Dans les trois Ordres de la nation. — Quel légiste envoya-t-il en Italie? Que fit ce légiste? — Il envoya en Italie le légiste Guillaume de Nogaret qui, avec une armée d'aventuriers, s'empara du pape dans la petite ville d'Anagni. — **109.** Où le pape Clément V fixa-t-il sa résidence? A *Avignon*. — **110.** Que devinrent les Templiers? Ils furent poursuivis pour des crimes imaginaires : beaucoup furent brûlés. Leur Ordre fut dissous. — **111.** Que fit Philippe pour l'administration? Il compléta et fixa à Paris le *Parlement*, il en détacha la *Chambre des Comptes*. — **112.** Pour se créer des ressources, qu'établit-il? Des impôts, la *maltôte*, la *gabelle*. — Quel surnom mérita Philippe? Le surnom de faux-monnayeur. — Quels furent les fils de Philippe le Bel? Louis X, Philippe V, Charles IV. — **113.** Quelle loi de succession appliqua-t-on à leur mort? Une loi extraite de la loi salique et excluant les femmes de certains héritages. — Qui réclama la couronne? Le roi anglais Édouard III, petit-fils par sa mère de Philippe le Bel. — Que résulta-t-il de cette loi? Une guerre terrible qui dura cent ans.

104. EXERCICES. — Expliquer les mots **légiste; Chambre des comptes; gabelle; loi salique.** — On entendait par *légistes* des hommes versés dans la science du droit et qui furent appelés à siéger au Parlement. — La *Chambre des comptes* fut détachée du Parlement pour reviser les comptes des officiers royaux. — La *gabelle* était d'abord un impôt prélevé sur la vente des denrées ; mais ce nom resta surtout attaché à l'impôt sur le *sel*. — On appelle *loi salique* une loi de succession qui chez les Francs excluait les femmes de l'héritage de la terre *salique*. On l'appliqua à la succession au trône.

LEÇON DE CHOSES

La ferme. — Entrons dans ces vastes bâtiments qui se trouvent au milieu de la plaine et où il y a une si grande activité, dans cette *ferme* que dirigent, en se partageant les travaux, le *fermier* et la *fermière*.

Le fermier surveille le nombreux personnel nécessaire à l'exploitation : bergers, bouviers, charretiers, garçons de ferme, ouvriers, tels que faucheurs, moissonneurs, batteurs, etc.; il se préoccupe du rendement des terres, de la valeur des engrais, de la vente des récoltes. La fermière s'occupe de l'intérieur : propreté, nourriture des gens de la ferme, basse-cour, laiterie.

Voici les *écuries*, les *étables*, les *granges*; au-dessus sont les *greniers*. En face, la *bergerie*. Voilà la *porcherie*, les *poulaillers*, les *pigeonniers*; la *laiterie*, si proprement et si fraîchement tenue, des *hangars* pour remiser les voitures; enfin la maison d'habitation avec sa vaste cuisine où les ouvriers de la ferme prennent fraternellement leurs repas.

RÉSUMÉ. — La ferme est un ensemble de bâtiments nécessaires au travail agricole.

LECTURE — ÉCRITURE

LEBRUN, Livre de Lecture courante, 2ᵉ partie, p. 107, *Travaux agricoles du mois de juin.* — p. 251, *Bataille de Courtrai.*

Moyen.

Aimons les hommes nos semblables.

PREMIÈRE SEMAINE — MARDI

MORALE

Devoirs envers les hommes. — LEÇON. Nous avons encore un motif, un peu étroit sans doute, mais bien naturel, qui nous porte à respecter les autres hommes : c'est l'intérêt personnel. Si nous ne les respectons pas, ils ne nous respecteront pas non plus. Si nous ne les secourons pas, de quel droit leur demanderons-nous des secours? Et, comme dit le bon La Fontaine, « on a souvent besoin d'un plus petit que soi ». Il faut éviter de nous laisser guider par l'intérêt, mais l'intérêt est ici d'accord avec le sentiment.

RÉSUMÉ. — Notre intérêt bien entendu nous invite, autant que la raison, à remplir nos devoirs envers nos semblables.

MAXIME. — Ne faites pas à autrui ce que vous ne voudriez pas qu'on vous fît à vous-même.

ARITHMÉTIQUE

La division (p. 58). — LEÇON. Un moissonneur charge 6 gerbes de blé sur 2 brouettes. Il les **divise**. Pour en mettre autant dans une brouette que dans l'autre, combien en mettra-t-il dans chacune?

Partageons ou divisons 6 gerbes en 2 groupes, nous aurons ||| | ||| = 6.

N'est-il pas plus rapide de dire tout de suite : en 6 il y a 2 fois 3, car 3 × 2 = 6?

Il s'agit donc de se rappeler combien de fois un nombre est *répété* ou *contenu* dans un autre. Pour diviser un nombre par un autre, on cherche combien de fois le plus petit nombre est contenu dans le plus grand.

Dans l'exemple ci-dessus, quelle chose doit être divisée? — Les 6 gerbes de blé. 6 sera le **dividende** (devant être divisé).

Entre combien de brouettes les 6 gerbes de blé doivent-elles être divisées? — Entre 2 brouettes. 2 sera le **diviseur** (qui divise).

On cherche combien de gerbes de blé aura chacune des 2 brouettes, ou combien de fois le plus petit nombre 2 est contenu dans le plus grand 6. Réponse : 3. Ce sera le **quotient** (du latin *quoties*, combien de fois).

Si l'on avait eu 5 gerbes à charger dans 2 voitures, que serait-il arrivé? En 5 combien de fois 2? Il y a 2 fois 2. Chaque brouette aurait eu 2 gerbes. Mais il y aurait eu 1 gerbe de *reste*, puisqu'il y avait 5 gerbes. C'est le **reste** de la division.

Beaucoup de partages ne peuvent être égaux, beaucoup de divisions ne peuvent se faire *exactement*.

RÉSUMÉ (à apprendre). — La division est une opération par laquelle on partage un nombre en parties égales. Ou encore une opération par laquelle on cherche combien de fois un nombre plus petit est contenu dans un autre plus grand.

Le résultat d'une division s'appelle le **quotient**.

GRAMMAIRE

Deuxième conjugaison. — EXERCICES. CORRIGÉ (p. 72). — *Conjuguer avec un complément direct aux temps indiqués les verbes suivants.*

SUBJONCTIF PRÉSENT avec *il faut que*.	IMPARFAIT DU SUBJONCTIF avec *il fallait que*.	PLUS-QUE-PARFAIT DU SUBJONCTIF avec *il fallait que*.
354. que j'adoucisse (mon caractère) que je grossisse (mes économies) que j'amoindrisse (ma vanité)	**355.** que je réunisse (les outils) que j'élargisse (le passage) que je garnisse (ma gibecière)	que j'eusse assorti (les étoffes) que j'eusse établi (les fondations) que j'eusse fini (le devoir)

DICTÉE. CORRIGÉ (p. 72). — *Mettre les verbes aux temps indiqués.*

356. Un clou. — Un ouvrier fait rougir dans la forge des tiges de fer ; il en prend une, la *façonne*, l'*allonge*, l'*aplatit* en la *frappant* sur l'enclume. À l'aide d'un ciseau, il *coupera* une longueur suffisante pour faire un clou, sans détacher entièrement le morceau; il le *placera* dans la cloutière, plaque de fer *située* au bout de l'enclume. On *a garni* cette plaque d'une table d'acier bien *unie* et *percée* de trous.

L'ouvrier *finira* son travail en *plaçant* le clou dans un trou qu'il *aura choisi*, de manière à empêcher la partie supérieure de passer. Il n'*aura* plus qu'à écraser la tête d'un coup de marteau.

357. Une plume métallique. — Une jolie écriture *embellit* un devoir, mais il faut une bonne plume. C'est peu de chose qu'une plume, et cependant ce modeste outil de l'écolier *fournit* du travail, à Boulogne-sur-mer, à plus de 800 ouvriers ou ouvrières, sans parler de l'Angleterre, qui jadis *fournissait* la France.

La plume est faite avec des bandes d'acier qu'on *amincit*. Ainsi amincies, ces bandes sont envoyées à l'atelier des femmes. Une habile ouvrière, avec l'aide de bonnes machines, découpe en un jour jusqu'à 50 000 plumes.

On *marque* la plume du nom du fabricant. Après l'avoir marquée, on la *perce*.

358. Vous n'*aimeriez* pas une plume aplatie. On l'*arrondira* dans une petite machine à balancier. Il faut aussi que la plume *soit* souple et ne *fléchisse* pas trop.

On la *trempera*, c'est-à-dire on la *chauffera* à une haute température, puis on la *refroidira*. On la *réchauffera* encore de telle sorte que l'acier s'*adoucisse*; on la *nettoiera*, on l'*aiguisera*. On la *brunira*, puis on la fendra, on la *vernira*, on la *polira*. Il faut au moins 12 opérations avant qu'on *finisse* la plume avec laquelle vous écrivez et que vous cassez si vite.

GÉOGRAPHIE

Premières notions sur la France; l'Océan, la Manche. — LEÇON. La plus grande étendue des côtes de la France se trouve sur l'Océan Atlantique et sur la Manche, en face de l'Angleterre et à huit jours de navigation des côtes de l'Amérique. L'Océan et la Manche ont le *flux* et le *reflux*. On y voit se produire deux fois par jour le phénomène de la marée, qui donne un aspect particulier aux côtes souvent sablonneuses et mobiles, surtout le long de la *mer du Nord*. Au contraire, les côtes de la Manche résistent aux vagues par leurs **falaises**, vraies montagnes blanchâtres, et par les **rochers** de la Bretagne. Les côtes de l'Océan Atlantique sont plus accessibles aux flots, et même, dans le sud, il a fallu fixer par des plantations de pins les *dunes* ou montagnes de sable.

La France possède : au nord, les ports actifs de **Calais**, de **Boulogne**; à l'ouest, le port du **Havre** et les ports militaires de **Cherbourg**, de **Brest**, de **Lorient**.

Sur l'Océan elle a le grand port commerçant de **Saint-Nazaire**, mais les navires remontent aussi à **Nantes**. Sur la Charente se trouve le port militaire de **Rochefort**. De même, sur la Gironde, très avant dans l'intérieur, le port de **Bordeaux** est un des premiers par son activité commerciale.

RÉSUMÉ. — La France a sur l'Océan une longue étendue de côtes d'un aspect très varié. Elle possède sur l'Océan et la Manche de beaux ports de commerce et des ports militaires.

ÉTUDE DU DÉPARTEMENT (Géographie physique). — Le maître accompagne l'étude de la géographie générale de l'étude spéciale du département. La concordance des deux études évitera bien des répétitions, fera mieux comprendre le détail. (*Notices sur les départements* dans la *Collection Joanne*.)

DESSIN

Notions sur les solides : le volume. — LEÇON. Examinez les objets de la classe; ils tiennent plus ou moins de place; le *tableau*, le *pupitre*, par exemple. Pourquoi? Parce qu'ils sont plus ou moins *longs*, plus ou moins *larges*, plus ou moins hauts ou épais. On dit qu'ils ont tel ou tel **volume**. Une maison occupe un grand espace, elle a un grand volume; une *brique*, une *feuille de papier* ont un petit volume. Donc le volume dépend de la longueur, de la largeur, de la hauteur ou épaisseur. Il faut considérer dans les corps trois dimensions : **longueur, largeur, hauteur ou épaisseur.**

Certains corps ont une très petite *épaisseur*, comme une feuille de papier; elle n'en existe pas moins : on le voit par celle que forme une pile de cahiers.

Le maître fera indiquer par les élèves, dans les objets qui garnissent la classe, les trois dimensions. Exemple : l'armoire a 2 mètres de hauteur, 1^m,20 de largeur et 0^m,40 de profondeur.

LECTURE — ÉCRITURE

DEFODON, Choix de Fables, p. 95, *La brebis et le chien* (Florian).

La France est un pays maritime.

CHANT

PAPIN, Méthode pratique, p. 16, 1re série, n°s 46-48.

DANHAUSER, Premiers Éléments de musique, p. 27; Exercices sur la mesure à $\frac{3}{4}$, n°s 9 et 10; Chants pour les écoles, p. 18, *Le camélia*.

DELCASSO, 5e Recueil de morceaux de chant, p. 20, n° 22, *Promenade sur l'eau*.

MORALE

Devoirs envers les hommes. — LEÇON. Nous voulons vivre en sécurité. C'est le premier bien. Je n'insisterai pas sur ce point trop évident et je sais combien vous avez horreur du meurtre. Je me contenterai de vous lire une fable de Florian, qui peut être regardée comme l'histoire de bien des criminels. En voici (pour aujourd'hui) le début :

LE CHIEN COUPABLE

« Mon frère, sais-tu la nouvelle ?
Mouflar, le bon Mouflar, de nos chiens le modèle,
Si redouté du loup, si soumis au berger,
      Mouflar vient, dit-on, de manger
Le petit agneau noir, puis la brebis sa mère,
Et puis sur le berger s'est jeté furieux.
      — Serait-il vrai ? — Très vrai, mon frère.
      — A qui donc se fier, grands dieux ? »
C'est ainsi que parlaient deux moutons dans la plaine ;
      Et la nouvelle était certaine.
      Mouflar, sur le fait même pris,
N'attendait plus que le supplice,
Et le fermier voulait qu'une prompte justice
      Effrayât les chiens du pays.
      La procédure en un jour est finie,
Mille témoins pour un déposent l'attentat :
Récolés (vérifiés), confrontés, aucun d'eux ne varie ;
Mouflar est convaincu du triple assassinat :
Mouflar recevra donc deux balles dans la tête
      Sur le lieu même du délit.
      (*A suivre.*)
(DEFODON, Choix de fables, p. 124, Florian.)

ARITHMÉTIQUE

La division (p. 59). — LEÇON. Soient 8 poires à diviser entre 4 enfants. On écrit 8 : 4 ou bien, en plaçant le plus petit nombre sous le plus grand, $\frac{8}{4}$.

Pour les petits nombres, la division se fait *mentalement*, à l'aide de la table de multiplication.

8 poires : 4 = 2 poires (puisque $2 \times 4 = 8$),
16 poires : 8 = 2 poires (puisque $2 \times 8 = 16$).

RÉSUMÉ. — On fait la division en cherchant combien de fois le diviseur est contenu dans le dividende.

Par écrit, on dispose ainsi les nombres :

Et l'on dit : En 16 combien de fois 8 ? 2 fois. On écrit 2 au-dessous du diviseur : c'est la place du quotient.

Puis on multiplie le diviseur par 2 et l'on a 16, qu'on écrit au-dessous du dividende. 16 ôté de 16, reste 0.

```
(dividende) 16 | 8 (diviseur)
               |___________

            16 | 8
               |____
               | 2
               |
               | (quotient)

            16 |
          _____|
    (reste) 0  |
```

EXERCICES : 12 : 2 = 6 | 18 : 6 = 3 | 24 : 6 = 4 | 32 : 8 = 4 | 49 : 7 = 7 | 54 : 6 = 9

GRAMMAIRE

La troisième conjugaison (p. 73, n° 158). — La troisième conjugaison, terminée en **oir** (*recevoir*), ne comprend pas beaucoup de verbes. Et de même que dans les conjugaisons précédentes, les temps simples seuls sont différents ; les temps composés identiques. — Les verbes réguliers se conjuguant sur *recevoir* sont peu nombreux (Lexique, p. 73, n°* 359, 360).

MODE INDICATIF

PRÉSENT
Je reç ois
Tu reç ois
Il reç oit
Nous recev ons
Vous recev ez
Ils reç oivent

IMPARFAIT
Je recev ais
Tu recev ais
Il recev ait
Nous recev ions
Vous recev iez
Ils recev aient

PASSÉ INDÉFINI
J'ai reç u

PLUS-QUE-PARFAIT
J'avais reç u

PASSÉ DÉFINI
Je reç us
Tu reç us
Il reç ut
Nous reç ûmes
Vous reç ûtes
Ils reç urent

FUTUR
Je recev rai
Tu recev ras
Il recev ra
Nous recev rons
Vous recev rez
Ils recev ront

PASSÉ ANTÉRIEUR
J'eus reç u

FUTUR ANTÉRIEUR
J'aurai reç u

MODE CONDITIONNEL

PRÉSENT
Je recev rais
Tu recev rais
Il recev rait
Nous recev rions
Vous recev riez
Ils recev raient

PASSÉ
J'aurais reç u

MODE IMPÉRATIF

Reç ois
Recev ons
Recev ez

PARTICIPE

PRÉSENT
Recev ant

PASSÉ
Reçu Ayant reç u

MODE INFINITIF

PRÉSENT
Recevoir

PASSÉ
Avoir reç u

MODE SUBJONCTIF

PRÉSENT
Que je reç oive
Que tu reç oives
Qu'il reç oive
Que nous recev ions
Que vous recev iez
Qu'ils reç oivent

IMPARFAIT
Que je reç usse
Que tu reç usses
Qu'il reç ût
Que nous reç ussions
Que vous reç ussiez
Qu'ils reç ussent

PASSÉ
Que j'aie reç u

PLUS-QUE-PARFAIT
Que j'eusse reç u

EXERCICES. CORRIGÉ (p. 73). — VERBES RÉGULIERS. — *Conjuguez les verbes suivants avec un complément direct aux temps indiqués.*

INDICATIF PRÉSENT ET SUBJONCTIF PRÉSENT		CONDITIONNEL.		IMPÉRATIF ET IMPARFAIT DU SUBJONCTIF
359. je reçois, que je reçoive (une récompense).	j'aperçois, que j'aperçoive (une tache).	**360**. je concevrais (un projet).	je décevrais (une espérance).	perçois, que je perçusse (un impôt).

HISTOIRE

Revision. — **La royauté française sous les Capétiens directs** (p. 50, nᵒˢ 114-118).
— LEÇON. La royauté française avait fait de remarquables progrès sous les Capétiens directs. Le domaine royal s'agrandit : 1° Sous *Philippe Auguste*, de la **Normandie**, du **Maine**, de l'**Anjou** et de la **Touraine**;
2° Sous *Louis VIII*, du **Poitou** et d'une partie du **Languedoc**;
3° Sous *Philippe le Hardi*, du **comté de Toulouse**;
4° Sous *Philippe le Bel*, de la **Champagne**, dont ce prince épousa l'héritière, d'une partie de la **Flandre** et de **Lyon**. C'était déjà une bonne partie de la France.

La couronne était devenue un héritage que les princes de la famille de Hugues Capet se transmettaient.

Mais cette couronne les obligeait à des devoirs; elle était donnée solennellement au nouveau souverain par l'Église. Le roi devenait une personne consacrée par une onction analogue à celle des prêtres : c'est la cérémonie du **sacre**.

Autour du roi, on voit des seigneurs, maîtres eux-mêmes et rois dans leurs domaines, s'honorer de fonctions domestiques. L'un, le *chambrier*, s'occupe du palais; l'autre, le *bouteiller*, gère les vignobles royaux; un autre, le *sénéchal*, préside au service de la table et découpe les viandes devant le prince.

Puis viennent le *connétable*, qui dirige les écuries et plus tard commandera l'armée; les *maréchaux*, s'occupant aussi des chevaux et chargés ensuite de conduire l'armée. Le *chancelier* fait rédiger les ordonnances et veille à la besogne judiciaire.

Ces grands officiers et les vassaux que le roi gardait auprès de lui forment sa **Cour**.

Sa Cour, c'est son conseil; c'est aussi son tribunal.

De cette Cour, saint Louis et Philippe le Bel firent le **Parlement**, tribunal suprême.

La justice royale se rendit supérieure à toutes les justices.

RÉSUMÉ. — De Louis VI à Philippe le Bel, les rois capétiens réussissent à regagner leurs domaines et leurs droits. Ils reforment la France.

LEÇON DE CHOSES

Les animaux de la ferme. — Les bœufs, les vaches, les moutons nous rendent de grands services. Le bœuf sert d'abord par son *travail*; ensuite on l'engraisse pour le livrer plus tard au *boucher*; la vache donne son *lait*; la brebis, sa *laine*.

D'ailleurs, dans ces animaux, on utilise tout : la *chair*, comme nourriture; la *peau*, qu'on transforme en cuir pour les chaussures; la *graisse*, qui sert à la fabrication des chandelles et des bougies; les *os*, avec lesquels le tourneur fait de si jolis objets, ou qu'on brûle et qui fournissent alors un charbon qu'on emploie pour décolorer le jus de betterave dans la fabrication du sucre; les *cornes*, dans la tabletterie; le *sang*, comme engrais; la *peau des intestins*, qui sert à faire les cordes des instruments de musique; le *fiel*, dont le teinturier se sert pour dégraisser les vêtements; enfin le *fumier*, que fournit l'étable et qui est un des meilleurs engrais.

N'oublions pas la *chèvre* qui rend, par l'abondance de son lait et sa nourriture facile, de si grands services aux pauvres.

RÉSUMÉ. — Les animaux domestiques non seulement sont utiles par leur travail, mais fournissent à l'homme des aliments et des matières premières pour l'industrie.

LECTURE — ÉCRITURE

Mme MUNIQUE, Maman et Petite Jeanne, chapitre XIX, p. 113, *Les dix sous de la mère Marianne.*

Saint Louis fut le roi le plus zélé pour la justice.

PREMIÈRE SEMAINE — VENDREDI

MORALE

Devoirs envers les hommes; la justice.
— LEÇON. Le chien Moufflar, coupable de
meurtre, avait été livré à la justice.

LE CHIEN COUPABLE (*suite*).

A son supplice qui s'apprête
Toute la ferme se rendit.
Les agneaux de Moufflar demandèrent la grâce ;
Elle fut refusée. On leur fit prendre place :
Les chiens se rangèrent près d'eux,
Tristes, humiliés, mornes, l'oreille basse,
Plaignant, sans l'excuser, leur frère malheureux.
Tout le monde attendait dans un profond silence.
Moufflar paraît bientôt, conduit par deux pasteurs :
Il arrive; et levant au ciel ses yeux en pleurs,
Il harangue ainsi l'assistance :
« O vous qu'en ce moment je n'ose et je ne puis

« Nommer, comme autrefois, mes frères, mes
« Témoins de mon heure dernière, [amis,
« Voyez où peut conduire un coupable désir.
« De la vertu quinze ans j'ai suivi la carrière ;
« Un faux pas m'en a fait sortir.
« Apprenez mes forfaits. Au lever de l'aurore,
« Seul, auprès du grand bois, je gardais le trou-
« Un loup vient, emporte un agneau, [peau;
« Et tout en fuyant le dévore.
« Je cours, j'atteins le loup qui, laissant son
« Vient m'attaquer : je le terrasse [festin,
« Et je l'étrangle sur la place.
« C'était bien jusque-là : mais, pressé par la faim,
« De l'agneau dévoré je regarde le reste,
« J'hésite, je balance.... A la fin cependant
« J'y porte une coupable dent :
« Voilà de mes malheurs l'origine funeste.

ARITHMÉTIQUE

La division (p. 59). — LEÇON. Soit 48 : 4.
Je découpe l'opération. En 4 (dizaines), combien de fois 4? 1 fois :

$$48 \mid 4$$

1 fois 4 = 4 : je l'écris au-dessous
du chiffre des dizaines du dividende. 4

$$\overline{} \mid 12$$

Et je fais la soustraction : reste. . . 0
J'abaisse le 8 des unités du divi-
dende à droite du 0. Et je reconstitue
un *nouveau dividende*. 08
En 8 combien de fois 4? 2 fois.
Je multiplie le diviseur et j'obtiens. 8
Je fais la soustraction : reste. . . . 0

EXERCICES. — (Calcul écrit. CORRIGÉ, n° 54).
— *Faire les divisions suivantes (sans reste)* :

A. 28 : 2 = 14
56 : 5 = 12
84 : 4 = 21
93 : 3 = 31
86 : 2 = 43

B. 369 : 3 = 123
480 : 4 = 120
846 : 2 = 423
306 : 3 = 102
660 : 6 = 110

C. 36 : 2 = 18
48 : 3 = 16
64 : 4 = 16
65 : 5 = 13
78 : 6 = 13

GRAMMAIRE

Quatrième conjugaison (p. 74). LEÇON.
— La quatrième conjugaison comprend les
verbes terminés à l'infinitif en **re** : *rendre*.
Il n'y en a qu'un petit nombre se conjuguant sur *rendre* (Lexique, p. 74, n° 561-
565).

MODE INDICATIF

PRÉSENT		IMPARFAIT	
Je	rend s	Je	rend ais
Tu	rend s	Tu	rend ais
Il	rend	Il	rend ait
Nous	rend ons	Nous	rend ions
Vous	rend ez	Vous	rend iez
Ils	rend ent	Ils	rend aient

PASSÉ INDÉFINI	PLUS-QUE-PARFAIT
J'ai rend u	J'avais rend u

PASSÉ DÉFINI		FUTUR	
Je	rend is	Je	rend rai
Tu	rend is	Tu	rend ras
Il	rend it	Il	rend ra
Nous	rend îmes	Nous	rend rons
Vous	rend îtes	Vous	rend rez
Ils	rend irent	Ils	rend ront

FUTUR ANTÉRIEUR	PASSÉ ANTÉRIEUR
J'eus rend u	J'aurai rend u

MODE CONDITIONNEL

PRÉSENT	
Je	rend rais
Tu	rend rais
Il	rend rait
Nous	rend rions
Vous	rend riez
Ils	rend raient

PASSÉ
J'aurais rend u

MODE IMPÉRATIF

Rend s
Rend ons
Rend ez

PARTICIPE

PRÉSENT	PASSÉ
Rend ant	Rend u — Ayant rend u

MODE INFINITIF

PRÉSENT	PASSÉ
Rend re	Avoir rend u

MODE SUBJONCTIF

PRÉSENT	
Que je	rend e
Que tu	rend es
Qu'il	rend e
Que nous	rend ions
Que vous	rend iez
Qu'ils	rend ent

IMPARFAIT	
Que je	rend isse
Que tu	rend isses
Qu'il	rend ît
Que nous	rend issions
Que vous	rend issiez
Qu'ils	rend issent

PASSÉ
Que j'aie rend u

PLUS-QUE-PARFAIT
Que j'eusse rend u

EXERCICES. CORRIGÉ (p. 74). VERBES RÉGULIERS. — *Conjuguer avec un complément direct aux temps indiqués.*

	INDICATIF PRÉSENT		PASSÉ DÉFINI	
361. j'attends (l'heure)	j'entends (le maître)	**362.** je pendis (une corde)	je prétendis (un retard)
je défends (le pays)	je fends (du bois)	je pourfendis (un ennemi)	je répandis (de l'eau)
je descends (la montagne)	je perds (le temps)	je mordis (un fruit)	je tordis (une serviette)

	PARFAIT DU SUBJONCTIF		CONDITIONNEL
363 que je tendisse (un piège)	que je vendisse (du vin)	**364.** je confondrais (les adversaires)
que je suspendisse (un anneau)	que je fondisse (du beurre)	je romprais (le pain)
que je défendisse (l'honneur)	que je tondisse (les moutons)	je répondrais (une sottise)

GÉOGRAPHIE

La France : les montagnes. — LEÇON. La France est baignée et défendue par deux mers. Elle est protégée, du côté de l'Espagne et de l'Italie, par deux des principales chaînes de montagnes de l'Europe : les *Pyrénées* et les *Alpes*.

Les **Pyrénées** servent de frontières à la France sur une longueur de 450 kilomètres. Très élevée au centre, la chaîne atteint des hauteurs de 4000 mètres, et ses sommets sont couverts de glaciers, de neiges éter-nelles. On remarque les sommets du *Vigne-male*, du *Marboré*, le cirque de *Gavarnie*, taillé par la nature dans des rochers d'où descendent des filets d'eau en cascades, le pic *du Midi*, etc. Au-dessous des glaciers la végétation est robuste, les eaux coulent abondantes dans des crevasses pittoresques. Les passages praticables où passent les routes et les chemins de fer d'Espagne se trouvent aux deux extrémités de la chaîne, à l'est et à l'ouest.

RÉSUMÉ. — Les Pyrénées séparent la France de l'Espagne. Elles atteignent des hauteurs de 4000 mètres, et leurs sommets sont couverts de neiges.

ÉTUDE DU DÉPARTEMENT. — Géographie physique (*Notices sur les départements, Collection Joanne*).

LEÇON DE CHOSES

Les animaux de la ferme. — *Le chien* est nécessaire dans la ferme. On y voit : le chien de garde, le *mâtin*, qui sait bien reconnaître les rôdeurs, les gens aux mauvaises intentions ; les *chiens de berger*, si intelligents dans la conduite du troupeau ; les *chiens de chasse*.

Dans l'exploitation, le *bœuf* en certains pays, le *cheval* partout, jouent un rôle important. Le cheval sert à mener les voitures, les charrettes, à tirer souvent la charrue ; il fournit de plus un fumier estimé. Pour obtenir de lui tous les services qu'on peut en attendre, il faut le bien nourrir, le bien traiter. Tous les animaux domestiques, qui s'habituent si bien à l'homme, sont sensibles aux bons traitements ; il n'est pas avantageux de les surmener de travail, car ils sont vite fatigués et deviennent bientôt hors d'état de travailler.

L'âne rend aussi beaucoup de services ; il est fort, dur à la fatigue, et très sobre, mais il demande aussi à être bien soigné.

Le principal revenu du bétail vient des *vaches*, des *moutons*.

Le *porc* donne aisément un bon revenu ; dans les campagnes, pour beaucoup d'habitants, sa chair est la principale viande : elle se conserve très bien *salée* ou *fumée*.

RÉSUMÉ. — Les animaux qui rendent le plus de services dans la ferme sont les bœufs, les vaches, les porcs, les moutons, les chevaux, les ânes, le chien.

TRAVAIL MANUEL

Garçons. — PLIAGE. Groupe de lettres faites avec des bandes pliées. Le maître fera exécuter ces lettres de 2 centimètres de largeur sur 5 c. 1/2 de hauteur. Faire exécuter les mots : CHOU, JOUJOU, CHUT.

Filles. MARQUE. Lettres romaines STUV. — TRICOT. Apprendre à relever une maille, c'est-à-dire à reprendre une maille échappée.

LECTURE — ÉCRITURE

LEBRUN, Livre de lecture courante, 2ᵉ partie, p. 270, *Le chien de berger* ; p. 109, *Les moutons.*

Le chien est un fidèle gardien des troupeaux.

PREMIÈRE SEMAINE — SAMEDI

MORALE

Devoirs envers les hommes : la justice.
— LEÇON. Le chien Mouflar explique comment il est arrivé à commettre ses crimes. Il avait d'abord commis une première faute. Cette faute le pousse à une seconde.

LE CHIEN COUPABLE (*fin*)

« La brebis vient dans cet instant ;
« Elle jette des cris de mère....
« La tête m'a tourné, j'ai craint que la brebis
« Ne m'accusât d'avoir assassiné son fils ;
« Et pour la forcer à se taire,
« Je l'égorge dans ma colère.
« Le berger accourait armé de son bâton.
« N'espérant plus aucun pardon,

« Je me jette sur lui : mais bientôt on m'enchaîne,
« Et me voici prêt à subir
« De mes crimes la juste peine.
« Apprenez tous du moins, en me voyant mourir,
« Que la plus légère injustice
« Aux forfaits les plus grands peut conduire d'abord,
« Et que dans le chemin du vice
« On est au fond du précipice -
« Dès qu'on met un pied sur le bord. »

Cette fable dramatique, qui met en scène l'action, la confession du coupable et le châtiment, résume bien ce que nous devons aux hommes à l'égard de la justice. On a fait des lois pour protéger la société contre ceux qui ne respecteraient pas la vie des autres.

RÉSUMÉ. — Le premier devoir vis-à-vis de la société est de respecter la vie des hommes. Si l'on y manque, on tombe sous le coup des lois.

MAXIME. — Quelques crimes toujours précèdent les grands crimes.

ARITHMÉTIQUE

Revision. — EXERCICES.

D. 231 : 3 = 77	E. 920 : 8 = 115
616 : 4 = 154	456 : 8 = 57
905 : 5 = 181	711 : 9 = 79
486 : 9 = 54	2536 : 8 = 317
375 : 5 = 75	3801 : 7 = 543

Problèmes. — 1. 5 pêches ont coûté 60 centimes. Quel est le prix d'une seule ? 20 centimes.

2. Dans une grande école de 8 classes il y a 416 élèves ; combien cela fait-il d'élèves par classe ? 52.

3. Une somme de 625 francs est formée uniquement de pièces de 5 francs ; combien y a-t-il de ces pièces ? 125 pièces.

GRAMMAIRE

Revision. Verbes actifs. — LEÇON DE RÉSUMÉ. Les *verbes actifs* sont ceux qui ont ou peuvent avoir un *complément direct*. Leurs temps composés se conjuguent avec l'auxiliaire *avoir*. Il y a quatre conjugaisons, selon la différence des terminaisons : *er, ir, oir, re*. La première personne du singulier de l'indicatif présent n'a pas d's à la première conjugaison. Elle en a dans les autres conjugaisons. La terminaison du futur est toujours *rai, ras, ra* ; celle du conditionnel, *rais, rait.*

Quand on interroge, le pronom se place après le verbe.

QUESTIONNAIRE (p. 75, n° 9). — 1. Combien les verbes peuvent-ils avoir de sortes de compléments ? **Deux : le complément direct et le complément indirect.** — 2. Qu'est-ce que le complément direct ? C'est celui qui n'est rattaché au verbe par aucun mot intermédiaire. — 3. Comment le trouve-t-on ? En faisant après le verbe la question *quoi.* — 4. Qu'entend-on par verbe actif ? Celui qui peut recevoir un complément direct. — 5. Combien de parties distingue-t-on dans un mot qui forme un verbe ? Deux : le radical et la terminaison. — 6. En combien de conjugaisons répartit-on les verbes ? En 4 conjugaisons. — 7. Quelle conjugaison en contient le plus ? La première. — 8. Avec quel auxiliaire se fait la conjugaison des verbes actifs ? Avec l'auxiliaire *avoir.* — 9. Quelle remarque faites-vous sur la 1re personne du singulier du présent de l'indicatif de la 1re conjugaison ? Elle ne se termine pas par un *s.* — 10. Quelle différence y a-t-il entre cette 1re personne et celle des autres conjugaisons ? La 1re personne du l'indicatif présent des autres conjugaisons se termine par un *s.* — 11. Quelle est la terminaison du futur dans toutes les conjugaisons ? En *rai.* — 12. Quelle est la terminaison du conditionnel ? En *rais.* — 13. Dans les propositions interrogatives, où se place le pronom ? Après le verbe.

PREMIÈRE SEMAINE — SAMEDI

HISTOIRE

Revision. La royauté sous les Capétiens directs (p. 50, n⁰ˢ 119-121). — HISTOIRE. Les seigneurs avaient leurs officiers, baillis ou prévôts.

Le roi avait également les siens, mais il les mit aussi dans les provinces au-dessus des officiers des seigneurs. *Saint Louis, Philippe le Bel* multiplièrent les *prévôts*, qui avaient au-dessus d'eux les *baillis*. Le roi eut partout une armée d'hommes dévoués qui surveillaient les seigneurs. Ce fut le commencement de l'administration royale. Pour payer ces officiers et subvenir aux dépenses du gouvernement, il fallait de l'argent. Philippe le Bel établit des impôts, même excessifs. Il y eut des finances royales. Ce n'était pourtant point un droit reconnu aux rois de prélever ainsi des impôts. Aussi demandaient-ils l'autorisation d'assemblées de leurs vassaux, seigneurs et prélats. Ces assemblées étaient fréquentes sous les Capétiens. Philippe le Bel en convoqua, lors de sa lutte contre le pape, de plus complètes. Il fit venir en 1302 les *députés des villes*. On eut ainsi une assemblée : 1⁰ des **nobles**; 2⁰ du **clergé**; 3⁰ du **peuple**, troisième ordre ou **Etat**. Ce furent les trois *Etats* ou **Etats généraux**, qui représentaient vraiment le pays. Ainsi, à la mort de Philippe le Bel, en 1314, la royauté française avait déjà reconquis beaucoup de provinces, organisé une **administration**, une **justice**, des **finances**. On réunissait des assemblées de la nation.

Il n'y avait pas seulement un roi, mais une nation.

RÉSUMÉ. — Les rois capétiens organisèrent une administration, une justice, des finances et aussi des assemblées de la nation.

DESSIN

Les briques. — LEÇON. Voilà une brique, un domino, un morceau de craie taillé ; quand vous tenez ces objets, vous en touchez la *surface*. Dans tous ces corps, la surface se compose de 6 faces.

Ces faces sont des *rectangles*. Chaque rectangle n'a que deux dimensions ; vous en avez déjà dessiné beaucoup. Comment les représenter ? Quand je vous présente une brique placée bien de face devant vous, à la hauteur de vos yeux, vous ne voyez qu'*une* des faces ; mais si je la place plus bas ou plus haut, en la tournant un peu, vous voyez *trois* faces ; les trois autres faces sont cachées ; de sorte que pour en faire le dessin, vous tracerez bien un rectangle pour représenter la face qui est devant vous ; mais pour la face supérieure ou inférieure et la face latérale, vous êtes obligés de tracer des lignes *obliques*. (On représentera les corps en perspective courante ou cavalière, c'est-à-dire dont les lignes fuyantes sont parallèles.) Les figures à quatre côtés, mais dont deux sont obliques, s'appellent des parallélogrammes, parce que leurs côtés sont parallèles deux à deux.

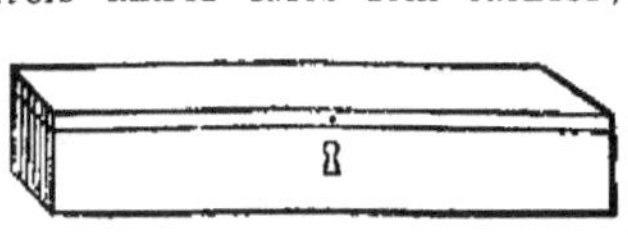

EXERCICES. — Dessiner une *armoire*, une *boîte*, un *coffre*, un *livre*, en évaluant d'abord les dimensions : longueur, largeur, hauteur.

LECTURE — ÉCRITURE

JOST, Lectures pratiques, p. 136, *Les chiens.*
J. MASSON, Le livre de lecture des petits enfants, p. 115, *Le voleur de pommes.*

Une légère injustice peut entraîner à de plus grandes.

CHANT

DANHAUSER, Chants pour les écoles, p. 114, *Petite guerre.*

PAUHAUX, Chants du foyer, p. 150, *Le soir.*

MORALE

Devoirs envers les hommes : la justice. — Leçon. Il ne faut pas attenter à la vie de ses semblables. Je sais bien que vous ne serez jamais capables de vous rendre criminels. Mais il y a bien des manières encore de se rendre coupables. Lorsque des enfants se querellent et se frappent, se blessent, est-ce qu'ils n'oublient pas leurs devoirs envers leurs semblables ? Pouvez-vous cal- culer la portée d'un coup de poing, d'un coup de pied ? La belle excuse, lorsque vous aurez peut-être blessé quelqu'un mortellement, de dire : « Ah ! je ne savais pas que je lui avais fait tant de mal. Ah ! je ne voulais pas le blesser. » Le mal est toujours fait. Et vous tomberiez sous le coup des lois. Évitez donc les moindres querelles.

Résumé. — Il faut éviter avec soin les rixes qui peuvent donner lieu à des blessures et même à des meurtres.

ARITHMÉTIQUE

Système métrique : le franc. — Leçon COMPLÉMENTAIRE. On a fabriqué, pour la facilité des payements, des pièces de 2 francs, de 5 francs. Il y a des pièces de 5 francs en or et des pièces, naturellement plus grandes, de 5 francs en argent. La pièce d'or de 10 francs est un multiple décimal du franc. La pièce d'or de 100 francs, très rarement employée, est encore un multiple décimal. Il y a des pièces de 20 francs, de 50 francs, mais ce ne sont pas des multiples décimaux. Les francs ne sont pas plus difficiles à compter que les mètres, puisqu'on procède toujours par 10, 100, 1 000, etc. Il faut néanmoins s'habituer à compter par piles de pièces de 2 francs, de 5 francs, de 20 francs. Une pile de 10 pièces de 2 francs représente 2×10 ou 20 francs. Une pile de 4 pièces de 5 francs représente 20 francs (5×4). Une pile de 5 pièces de 20 francs représentera 100 francs (20×5).

Exercices. — Combien y a-t-il de francs dans 40 pièces de 2 francs ? 80. Dans 25 ? 50 francs. — Combien y a-t-il de francs dans 25 pièces de 5 francs ? 125 francs. Dans 70 pièces de 5 francs ? 350 francs. — Combien faudra-t-il de pièces de 5 francs pour faire 400 francs ? 80 ; et de pièces de 2 francs ? 200. — Combien faudra-t-il de pièces de 5 francs pour faire 800 francs ? 160 ; et de pièces de 2 francs ? 400.

GRAMMAIRE

Les verbes passifs (p. 77, 78, nᵒˢ 160-165). — *L'arbre* est coupé *par le bûcheron.* — Qui est-ce qui est coupé ? L'arbre : c'est ici le *sujet*. Mais ce sujet ne fait pas l'action, il la subit, la souffre : il est *passif* : le verbe est dit **passif.**

L'arbre est coupé par le bûcheron. Le bûcheron coupe l'arbre. — C'est le même verbe : dans le premier cas, il est *passif*, dans le second il est *actif*. Le même verbe peut être tour à tour actif ou passif.

Le verbe **passif** indique une action reçue ou soufferte par le sujet : il se conjugue avec l'auxiliaire *être.*

163. Conjugaison passive. — Modèle : *Être aimé.*

INDICATIF PRÉSENT			IMPARFAIT			PASSÉ INDÉFINI			PASSÉ DÉFINI		
Je	suis	aimé	J'	étais	aimé	Je	fus	aimé	J'	ai été	aimé
Tu	es	aimé	Tu	étais	aimé	Tu	fus	aimé	Tu	as été	aimé
Il	est	aimé	Il	était	aimé	Il	fut	aimé	Il	a été	aimé
Nous	sommes	aimés	Nous	étions	aimés	Nous	fûmes	aimés	Nous	avons été	aimés
Vous	êtes	aimés	Vous	étiez	aimés	Vous	fûtes	aimés	Vous	avez été	aimés
Ils	sont	aimés	Ils	étaient	aimés	Ils	furent	aimés	Ils	ont été	aimés

PASSÉ ANTÉRIEUR			PLUS-QUE-PARFAIT			FUTUR			FUTUR ANTÉRIEUR		
J'	eus été	aimé	J'	avais été	aimé	Je	serai	aimé	J'	aurai été	aimé
Tu	eus été	aimé	Tu	avais été	aimé	Tu	seras	aimé	Tu	auras été	aimé
Il	eut été	aimé	Il	avait été	aimé	Il	sera	aimé	Il	aura été	aimé
Nous	eûmes été	aimés	Nous	avions été	aimés	Nous	serons	aimés	Nous	aurons été	aimés
Vous	eûtes été	aimés	Vous	aviez été	aimés	Vous	serez	aimés	Vous	aurez été	aimés
Ils	eurent été	aimés	Ils	avaient été	aimés	Ils	seront	aimés	Ils	auront été	aimés

Résumé (à apprendre). — La conjugaison des verbes passifs se réduit à celle du verbe *être.* Le participe s'accorde avec le sujet.

EXERCICES (p. 77). — *Mettez un sujet et conjuguez ces verbes à l'indicatif présent, troisième personne, forme passive.* — Modèle : *Ce meuble est marchandé, ces meubles sont marchandés.*

374. emballer	entasser	375. épargner	baisser
marchander	compter	encaisser	facturer
mesurer	gagner	tarifer	diminuer

Cette marchandise est emballée. — Ces marchandises sont emballées. — Cette étoffe est marchandée. — Ces étoffes sont marchandées. — Ce drap est mesuré. — Ces draps sont mesurés. — Ce sable est entassé. — Ces sables sont entassés. — Ce mètre est compté. — Ces mètres sont comptés. — Ce franc est gagné. — Ces francs sont gagnés.

Ce sou est épargné. — Ces sous sont épargnés. — Cette somme est encaissée. — Ces sommes sont encaissées. — Ce sucre est tarifé. — Ces sucres sont tarifés. — Ce prix est baissé. — Ces prix sont baissés. — Cet achat est facturé. — Ces achats sont facturés. — La vente est diminuée. — Les ventes sont diminuées.

HISTOIRE

La société au moyen âge. — REVISION (p. 51, nᵒˢ 122-124). — Un certain ordre se mit dans la société féodale. Au premier rang, le **roi**; au-dessous, les **grands vassaux**, et au-dessous les *ducs, marquis, comtes, vicomtes, barons*, ayant le droit de porter une couronne.

En ce temps-là les hommes ne se désignaient entre eux que par leur nom de baptême. Lorsque de grandes armées furent réunies, les nobles ajoutèrent à leur nom celui de leur château, ou de leur contrée, comme **Godefroy de Bouillon, Robert d'Artois.**

Mais ceux qui n'étaient pas nobles et n'avaient point de châteaux reçurent des noms tirés des champs : *du pré, du mont, du til-*leul, *du rosier,* etc., ou bien on les désigna par une qualité ou un défaut : *le grand, le bon, le large, le court,* ou bien par un nom de métier : *maréchal, verrier, tisserand, charpentier,* etc. C'est là l'origine des noms de famille qui sont devenus héréditaires.

Dès le temps des croisades, les seigneurs adoptèrent des *signes* pour se reconnaître. Ils mettaient sur leur bouclier une *tour,* un *lion,* un *pont,* un animal plus ou moins fantastique. Ce fut l'origine des **armoiries.**

On les brodait sur les vêtements, les meubles, les housses des chevaux.

Les familles nobles se distinguent encore par leurs armoiries.

RÉSUMÉ. — La société féodale avait ses rangs, et les noms de famille remontent à cette époque, ainsi que les armoiries.

LEÇON DE CHOSES

La basse-cour. — Les animaux de la basse-cour sont une grande source de produits.

Les *poules* sont élevées en grande quantité pour leurs *œufs,* et les *poulets* qu'on engraisse pour la consommation. Les races françaises de Houdan et de Crèvecœur sont très renommées. Les poules pondent depuis février ou mars jusqu'en octobre.

L'*oie* a aussi une chair estimée ; de plus, sa graisse est excellente, et enfin, le duvet de ses plumes est recueilli avec soin pour grossir nos oreillers, nos édredons.

On aura de l'avantage à élever des *canards* si, à proximité, se trouvent un ruisseau, une mare, un étang.

Le *dindon* ou *coq d'Inde* ainsi que la femelle ou *poule d'Inde,* ainsi nommés à cause de leur origine (Amérique), car on désignait l'Amérique sous le nom d'*Indes occidentales,* nous fournissent une chair succulente.

Enfin, parmi les animaux de basse-cour il ne faut pas oublier le *lapin.* L'habitation de ce rongeur se nomme le clapier; on mange sa chair, mais sa peau et ses poils sont l'objet d'un grand commerce.

TRAVAIL MANUEL

Garçons. — PLIAGE. Groupe de lettres. Le maître fera exécuter les mots : MULET, LOUIS, MIDI, CLOU, PSITT.

Filles. — COUTURE. Emploi de l'étoffe. Pièce récapitulative. Plusieurs rangées de points devant.

LECTURE — ÉCRITURE

L. GUÉRIN, Premières lectures, p. 86, *Le chien de Brisquet.*

Soyez calme et modéré dans les discussions.

DEUXIÈME SEMAINE — MARDI

MORALE

Devoirs envers les hommes : la justice. — LEÇON. Pierre m'a dit hier en sortant : « Monsieur, pourtant si l'on me bat, il faut bien que je rende les coups. Si je suis attaqué par des brigands, je suis bien obligé de me défendre ». Certainement la loi, en ce cas, vous excuse. Mais ce qui est vrai pour la légitime défense ne l'est pas pour les simples querelles. La gravité des rixes vient de cette rage de revanche. Pierre donne un coup de poing à Paul, Paul en rend deux. J'en vois quelques-uns qui sourient, cela ne prête pas à rire. Paul a tort, car Pierre reviendra à la charge ; les deux enfants s'emporteront de plus en plus, ne sauront plus ce qu'ils font et, si on ne les sépare, peuvent se faire beaucoup de mal. Vous avez vos parents, vos maîtres pour vous faire rendre justice.

RÉSUMÉ. — Certes il est permis de résister à une attaque véritable et de se défendre contre des malfaiteurs, mais on ne doit répondre aux brutalités que par la modération.

ARITHMÉTIQUE

La division. — LEÇON. La division, nous l'avons dit, ne se fait pas toujours exactement. Soit 49 : 4. — En 4 (dizaines) combien de fois 4 ? 1 fois. J'écris 1 au quotient. 1 fois 4 = 4. J'écris 4 sous les dizaines du dividende. . . . . . Il n'y a point de reste et j'abaisse le 9 des unités. . . . . En 9 combien de fois 4 ? 2 fois. J'écris 2 au quotient. Je multiplie le diviseur 4 × 2 = 8. J'écris 8 au-dessous de 9. . . . . Je fais la soustraction. Il reste 1.

$$\begin{array}{c|c} 49 & 4 \\ 4 & \overline{12} \\ \hline 09 & \\ 8 & \\ \hline 1 & \end{array}$$

Remarquez bien que ce reste ne saurait être plus fort que le diviseur.

Supposons que je me fusse trompé, que j'eusse écrit au quotient 11 au lieu de 12.

J'aurais eu 1 fois 4 ; 4 ôté de 9 reste 5.

Or le reste 5 eût été plus fort que le chiffre 4 du diviseur. Il le contient 1 fois. Donc j'aurais écrit au quotient un chiffre *trop faible* : il fallait bien 12.

RÉSUMÉ. — Le *reste* d'une division doit toujours être plus faible que le *diviseur*.

EXERCICES. CORRIGÉ (p. 59, *suite*). — *Avec reste.*

F. 35 : 2 = 17 | 49 : 3 = 16 | 67 : 4 = 16 | G. 81 : 5 = 16 | 161 : 6 = 26 | 245 : 8 = 30

GRAMMAIRE

Les verbes passifs (p. 77. n°s 160-163) ; conjugaison du verbe passif *(suite)*.

CONDITIONNEL PRÉSENT			CONDITIONNEL PASSÉ			IMPÉRATIF		SUBJONCTIF PRÉSENT		
Je	serais	aimé	J'	aurais été	aimé	Sois	aimé	Que je	sois	aimé
Tu	serais	aimé	Tu	aurais été	aimé			Que tu	sois	aimé
Il	serait	aimé	Il	aurait été	aimé	Soyons	aimés	Qu'il	soit	aimé
Nous	serions	aimés	Nous	aurions été	aimés			Que nous	soyons	aimés
Vous	seriez	aimés	Vous	auriez été	aimés	Soyez	aimés	Que vous	soyez	aimés
Ils	seraient	aimés	Ils	auraient été	aimés			Qu'ils	soient	aimés

IMPARFAIT DU SUBJONCTIF			PASSÉ DU SUBJONCTIF			PLUS-QUE PARF. DU SUBJONCTIF			INFINITIF PRÉSENT
Que je	fusse	aimé	Que je	aie été	aimé	Que j'	eusse été	aimé	Être aimé
Que tu	fusses	aimé	Que tu	aies été	aimé	Que tu	eusses été	aimé	PASSÉ
Qu'il	fût	aimé	Qu'il	ait été	aimé	Qu'il	eût été	aimé	Avoir été aimé
Que nous	fussions	aimés	Que nous	ayons été	aimés	Que nous	eussions été	aimés	PARTICIPE PRÉSENT
Que vous	fussiez	aimés	Que vous	ayez été	aimés	Que vous	eussiez été	aimés	Étant aimé
Qu'ils	fussent	aimés	Qu'ils	aient été	aimés	Qu'ils	eussent été	aimés	PASSÉ / Ayant été aimé

EXERCICES (p. 77). — LE COMMERCE. — *Mettre un sujet et conjuguer ces verbes à l'indicatif présent, troisième personne sing. et plur. (forme passive).* — Modèle : *Ce meuble est marchandé, ces meubles sont marchandés.*

376. estimer | évaluer | endetter | exporter | importer | colporter | solder | détailler | liquider

Le blé est estimé selon son prix, les blés sont estimés selon leur prix. — La récolte est évaluée exactement, les récoltes sont évaluées exactement. — Ce fermier est endetté, ces fermiers sont endettés. — L'article de Paris est exporté, les articles de Paris sont exportés. — La matière première est importée, les matières premières sont importées. — Cette étoffe est colportée, ces étoffes sont colportées. — Cette marchandise est soldée, ces marchandises sont soldées. — Cette collection est détaillée, ces collections sont détaillées. — Cette affaire est liquidée, ces affaires sont liquidées.

DICTÉE (p. 77). — *Mettre les verbes actifs au passif. Le complément devient le sujet.*

377. Le marché. — C'est lundi jour de marché. Les fermiers apportent leur blé, les fermières alignent leurs paniers de volailles, de beurre et d'œufs. Ici des jardiniers entassent des légumes, des fruits.

Là des marchands installent de petites boutiques en plein vent. Ils débitent des toiles et des cotonnades.

Un arracheur de dents, du haut d'une voiture, appelle la foule. On entend partout des conversations animées, les acheteurs enlèvent les marchandises, les marchands encaissent l'argent; ils comptent, le soir, les pièces blanches.

Un bruit joyeux emplit la ville, et tout le monde aime le jour du marché.

CORRIGÉ. — C'est lundi jour de marché. Le blé est apporté par les fermiers; les paniers de volailles, de beurre et d'œufs sont alignés par les fermières. Ici des légumes, des fruits sont entassés par des jardiniers.

Là de petites boutiques en plein vent sont installées par des marchands. Des toiles et des cotonnades sont débitées par eux.

La foule est appelée par un arracheur de dents du haut d'une voiture. Des conversations animées sont entendues partout, l'argent est encaissé par les marchands; les pièces blanches sont comptées par eux le soir.

La ville est emplie par un bruit joyeux, et le jour du marché est aimé par tout le monde.

25ᵉ RÉDACTION (p. 77). — *Résumez la dictée et dites pourquoi vous aimez à voir un marché* (CORRIGÉ, p. 45).

GÉOGRAPHIE

La France : les montagnes. — Du côté de l'Italie, la France s'appuie à une partie de l'immense chaîne des **Alpes.** Ces belles montagnes y atteignent, sur notre frontière, leur plus haute élévation, car le **mont Blanc,** le roi de la chaîne, dépasse 4 800 mètres. Les glaciers qui couvrent cet énorme massif du mont Blanc sont une véritable *mer de glace,* et le nom leur en est resté. D'autres montagnes, quoique inférieures, présentent encore des sommets remarquables : le mont *Tabor,* le mont *Cenis,* le mont *Genèvre,* et, dans les Alpes du Dauphiné, le mont *Pelvoux,* le mont *Olan.*

Les Alpes s'abaissent par étages du côté de la France et couvrent de leurs ramifications imposantes trois de nos provinces, la Savoie, le Dauphiné et la Provence.

RÉSUMÉ. — Au sud-est, du côté de l'Italie, la France est défendue par une des parties les plus élevées et les plus grandioses des *Alpes.*

ÉTUDE DU DÉPARTEMENT. — Géographie physique.

DESSIN

Le cube. — LEÇON. Examinons un *dé à jouer.* Il a des ressemblances avec la brique, mais sa forme est plus régulière; car nous remarquons que *longueur, largeur, épaisseur sont égales*; ses 6 faces sont exactement des *carrés*; on appelle ce corps un **cube.**

Dans les faces qui se rencontrent, les lignes qui les terminent s'appellent *arêtes* à cause de leur disposition : elles ressemblent, en effet, à des arêtes de poisson. Dans un cube, puisqu'il y a 6 faces, il y a 12 arêtes et il y a 8 coins (4 en haut, 4 en bas). Si nous prenons un cube qui ait des arêtes de 1 *décimètre* de long, on aura un **décimètre cube.**

Pour dessiner un *dé à jouer,* un *décimètre cube,* nous ferons d'abord un **carré** pour la face qui se trouve juste devant nous; mais les deux autres faces devront être représentées par deux *parallélogrammes.*

EXERCICES. — Dessiner un *dé,* une *boîte en bois à sel* avec la petite planchette qu'on place contre le mur.

LECTURE — ÉCRITURE

Mlle WIRTH, Premières notions d'économie domestique, 5ᵉ partie, p. 55, *Conseils d'une vieille fermière.*

Le mont Blanc a 4 800 mètres d'altitude.

DEUXIÈME SEMAINE — MERCREDI

MORALE

Devoirs envers les hommes : la justice. — Leçon. Tout à l'heure un élève est venu se plaindre à moi qu'on lui avait pris ses plumes. Celui qui les avait prises n'avait-il pas commis une injustice ? Seriez-vous aises qu'on allât prendre votre bien ? La propriété est une chose sacrée. Peut-être entendrez-vous dire que la propriété est une chose qui doit être commune à tous. Votre simple bon sens suffira pour vous persuader qu'une chose commune à tous n'est plus une propriété. Si ce champ est à tout le monde, il n'est pas à moi, il sera au plus fort, ou plutôt il sera sans cesse disputé par les plus forts. Sans la propriété, les hommes n'auraient pu demeurer en société.

Résumé. — La propriété est une chose sacrée : elle doit être respectée.

ARITHMÉTIQUE

La division (p. 60). — Leçon. Quel que soit le nombre de chiffres au *dividende*, tant que le diviseur n'a qu'*un* chiffre, l'opération est simple.

Soit la division de 85 658 par 6.

Pour simplifier l'opération et surtout l'écriture, on se dispense d'écrire la soustraction. On la fait tout de suite *mentalement*.

```
85658 | 6
6      | 14 273
‾‾
25
24
‾‾
16
12
‾‾
43
42
‾‾
 18
 18
‾‾
 00
```

Ainsi on dit : en 8 combien de fois 6 ? 1 fois, 1 fois 6, 6, de 8 reste 2. J'abaisse le 5, j'ai 25.

En 25 combien de fois 6 ? 4 fois. 4 fois 6, 24, de 25 reste 1. J'abaisse le 6 et j'ai 16.

En 16 combien de fois 6 ? 2 fois, 2 fois 6, 12, de 16 reste 4. J'abaisse le 3 et j'ai 43.

En 43 combien de fois 6 ? 7 fois. 7 fois 6, 42, de 43 reste 1. J'abaisse le 8, et j'ai 1.

En 18 combien de fois 6 ? 3 fois, 3 fois 6, 18, de 18 reste 0.

```
85658 | 6
25     | 14273
16
43
18
 0
```

Exercices. Corrigé (p. 59, n° 54, *suite*).

H. 521 : 9 = 53
184 : 7 = 26
8754 : 4 = 2188

I. 95619 : 6 = 15936
5547 : 7 = 506
191031 : 8 = 23878

J. 17841 : 9 = 1982
515415 : 5 = 102082
91612 : 6 = 15268

GRAMMAIRE ET LECTURE EXPLIQUÉE

Souligner les verbes.

LA LICE ET SA COMPAGNE

Une lice *étant* sur son terme,
Et ne *sachant* où *mettre* un fardeau si pressant,
Fait si bien qu'à la fin sa compagne *consent*
De lui *prêter* sa hutte, où la lice *s'enferme*.
Au bout de quelque temps sa compagne *revient*.
La lice lui *demande* encore une quinzaine ;
Ses petits ne *marchaient*, *disait*-elle, qu'à peine.
Pour *faire* court, elle l'*obtient*.
Ce second terme *échu*, l'autre lui *redemande*
Sa maison, sa chambre, son lit.
La lice cette fois *montre* les dents et *dit* :
« Je *suis* prête à *sortir* avec toute ma bande
Si vous *pourrez* nous *mettre* hors. »
Ses enfants *étaient* déjà forts. [regrette :
Ce qu'on *donne* aux méchants, toujours on le
Pour *tirer* d'eux ce qu'on leur *prête*,
Il faut que l'on en *vienne* aux coups ;
Il faut *plaider* ; il faut combattre.
Laissez-leur *prendre* un pied chez vous.
Ils en *auront* bientôt *pris* quatre.

(La Fontaine, livre II, fab. 7.)

Explication. — *Lice*, femelle du chien de chasse. Ce mot a un autre sens : champ clos ; — *sur son terme*, prête de mettre bas ses petits ; — *fardeau pressant*, heureuse expression qui désigne les petits ; — *encore une quinzaine*, le délai d'une quinzaine de jours ; — *ses petits*, joli vers qui nous montre en quelque sorte les petits pouvant à peine se remuer ; — *Pour faire court*, pour abréger ; — *échu*, participe du verbe irrégulier échoir ; — *lit*, Sa maison, sa chambre, son lit.

La Fontaine traite toujours les animaux comme des personnes : la paille du chien devient un lit ; — *bande*, ses petits forment maintenant une véritable bande de chiens ; — *prendre un pied*, pour s'établir, s'installer.

La Fontaine insiste sur la naïveté de la lice qui a prêté sa cabane. Mais nous devons surtout blâmer la mauvaise foi de celle à qui l'on a rendu service : il y a des lois contre cette mauvaise foi.

HISTOIRE

Revision. — La société au moyen âge (p. 52, nᵒˢ 125-129). — Les seigneurs féodaux ne se plaisaient qu'à guerroyer. Ils s'enveloppaient d'armures tout en fer.

Le cheval même était garni ou *bardé* de plaques de fer.

Ces hommes de fer s'entre-choquaient des journées entières sans qu'il y eût beaucoup de victimes, malgré les coups portés avec les longues *épées*, la *lance*, la *hache d'armes*, la *massue de fer*.

Pourtant les seigneurs aimaient à revêtir une **cotte**, longue robe serrée à la taille. Par-dessus la cotte, ils mettaient un **surcot**, tunique sans manches, et enfin un long **manteau** garni d'*hermine*.

Les dames portaient aussi des **robes longues** et des **surcots**, mais se coiffaient de **bonnets en pointe**.

La demeure des seigneurs féodaux était un château fort enveloppé d'une ceinture de murailles et de tours. Le château eut même deux, trois, quatre, cinq de ces ceintures.

Les grosses **tours** furent accompagnées de *tourelles* plus petites, semblables à des clochers.

Les bancs, très hauts, et les marches de pierre étaient établis pour des hommes d'une autre taille que la nôtre.

Ces guerriers ne voulaient pour jeux que des images des batailles : les *joutes* avec des lances ou les **tournois**. Deux chevaliers s'avançaient dans la *lice*, espace fermé par des barrières. Avec leurs lances, longues de plus de deux mètres, ils se portaient des coups terribles.

Les évêques étaient des seigneurs. Riches, ils se plaisaient à embellir l'église où ils avaient leur siège, leur *cathedra*.

L'église *cathédrale* devint un immense monument, avec des voûtes non plus rondes ou **romanes**, mais en *arcs brisés* ou **ogives**, qui leur donnaient de la légèreté. En avant se dressaient des tours superbes, découpées, ornées de fenêtres et de rosaces *ogivales*. C'était l'architecture dite **ogivale**.

RÉSUMÉ. — Les seigneurs aimaient à guerroyer, mais aimaient aussi le *luxe*, et le sentiment de l'*art* commençait.

LEÇON DE CHOSES

La laiterie. — La *laiterie* doit être l'objet de la propreté la plus minutieuse. Le sol sera constamment sec ; aussi est-il fait généralement de briques ou de dalles de pierre. Le lait est déposé dans des terrines de grès vernissées, qu'on recouvre de planchettes, pour le mettre à l'abri de la poussière. Petit à petit la crème monte à la surface ; on commence à la recueillir deux jours après la traite. Cette crème est mise dans une *baratte* dans laquelle elle est battue ; le beurre se prend en masse solide, et il ne reste plus qu'une partie liquide un peu sucrée, le *petit-lait*, que les bestiaux aiment bien.

Quant au *fromage*, on l'obtient soit en faisant cailler le lait aussitôt après la traite et sans l'écrémer, c'est ce qu'on appelle *fromages gras* ; soit en se servant du lait écrémé qu'on fait chauffer légèrement pour séparer le caillé, c'est-à-dire la substance du fromage, du petit-lait ; on a alors des *fromages maigres*. On distingue :

1º Les fromages *mous et frais* ; tels sont les fromages blancs et les fromages à la crème.

2º Les fromages *mous et salés*, provenant de lait non écrémé ; les plus connus sont le fromage de Brie et le fromage du Mont-Dore.

3º Les fromages *à pâte ferme qui sont cuits*, tels que les fromages de Gruyère (lait de vache) et du Roquefort (lait de chèvre et de brebis).

RÉSUMÉ. — Dans la laiterie, qui doit être très propre, se conserve le lait et se fabriquent les fromages.

LECTURE — ÉCRITURE

Les seigneurs du moyen âge n'aimaient que les combats.

TRAVAIL MANUEL

Garçons. — PLIAGE. Groupe de lettres. Le maître fera exécuter les mots : RAVE, RADIS, PAUL, JULES, ÉMILE, VANNE, ENFANT, ADOLPHE, JUIN.

Filles. — MARQUE. Lettres romaines W X Y Z. — TRICOT. Manière de faire les côtes.

DEUXIÈME SEMAINE — VENDREDI

MORALE

Devoirs envers les hommes : la justice.
— LEÇON. Écoutez cette petite fable de La Fontaine (livre I, fable XIII) :

Pour un âne enlevé, deux voleurs se battaient.
L'un voulait le garder, l'autre le voulait vendre.
　Tandis que coups de poing trottaient
Et que nos champions songeaient à se défendre,
　　Arrive un troisième larron
　　Qui saisit maître Aliboron.

Vous voyez la scène. Deux voleurs avaient pris un âne. Mais il n'était pas plus à l'un qu'à l'autre. Les voleurs se disputent sur le droit de propriété. Et pendant qu'ils se battent, un troisième voleur les met d'accord en enlevant l'âne.

Dès qu'il n'y a plus de droit, de justice, il n'y a plus que la force.

MAXIME. — Le voleur est souvent volé.

ARITHMÉTIQUE

La division ; règle générale de la division. — LEÇON. Pour faire une division :

1° On sépare sur la gauche du dividende assez de chiffres pour contenir le diviseur au moins 1 fois et moins de 10 fois ;

2° On divise ce premier dividende partiel par le diviseur ;

3° On essaye le chiffre du quotient trouvé en multipliant le quotient par le diviseur ;

4° On retranche ce produit du premier dividende partiel ;

5° A la droite du reste on abaisse le chiffre suivant du dividende, et ainsi de suite jusqu'à ce qu'on ait abaissé tous les chiffres du dividende.

EXERCICES. CALCUL ÉCRIT (p. 62, n° 55). — *Faire les divisions suivantes (1 chiffre au quotient).*

A.	B.	C.	D.
25 : 4 = 6	124 : 16 = 7	226 : 68 = 3	1 757 : 916 = 1
56 : 8 = 7	154 : 24 = 5	241 : 55 = 4	2 175 : 847 = 2
22 : 3 = 7	156 : 38 = 4	512 : 75 = 4	26 751 : 8 529 = 3
64 : 7 = 9	188 : 42 = 4	245 : 81 = 3	36 751 : 7 312 = 5
112 : 15 = 7	115 : 55 = 3	186 : 23 = 8	57 584 : 9 864 = 5

GRAMMAIRE

Les verbes neutres (p. 79, n° 164, 165.)
— LEÇON. *Jacques arrive à Paris.* — Le verbe *arrive* exprime une *action* faite par le sujet. Mais on ne dit pas *arriver quelqu'un, arriver une ville.* N'ayant pas de complément direct, *arrive* n'est pas un verbe actif.

On dit qu'il n'est ni *actif* ni *passif*, mais *ni l'un ni l'autre*, ou **neutre**.

Les *verbes neutres* peuvent exprimer une action, mais n'ont pas de complément direct.

INDICATIF J'arriv e, etc	IMPARFAIT J'arriv ais, etc.	PASSÉ DÉFINI J'arrivai, etc.	FUTUR J'arriv erai
PASSÉ INDÉFINI Je suis arrivé Nous sommes arrivés	PASSÉ ANTÉRIEUR Je fus arrivé Nous fûmes arrivés	PLUS-QUE-PARFAIT J' étais arrivé Nous étions arrivés	FUTUR ANTÉRIEUR Je serai arrivé Nous serons arrivés
CONDITIONNEL J'arriv erais	IMPÉRATIF Arriv e	SUBJONCTIF PRÉSENT Que j'arrive, etc.	IMPARFAIT Que j'arrivasse, etc.
CONDITIONNEL PASSÉ Je serais arrivé Nous serions arrivés	IMPÉRATIF PASSÉ Sois arrivé Soyons arrivés Soyez arrivés	PASSÉ DU SUBJONCTIF Que je sois arrivé Que nous soyons arrivés	PLUS-QUE-PARF. DU SUBJONCTIF Que je fusse arrivé Que nous fussions arrivés
INFINITIF		PARTICIPE	
PRÉSENT Arriv er	PASSÉ Être arrivé	PRÉSENT Arriv ant	PASSÉ Arrivé Étant arrivé

EXERCICES. CORRIGÉ (p. 80). — *Prendre pour sujet un nom d'animal et mettre le verbe au présent et au plus-que-parfait de l'indicatif. Modèle : Le taureau beugle, avait beuglé.*

378. beugler	croasser	bêler	**379.** aboyer	bourdonner	jaser
miauler	gazouiller	bramer	grogner	piailler	roucouler
japper	hurler	siffler	coasser	piauler	glousser

Le taureau beugle, avait beuglé. — Le chat miaule, avait miaulé. — Le chien jappe, avait jappé. — Le corbeau croasse, avait croassé. — L'oiseau gazouille, avait gazouillé. — Le loup hurle, avait hurlé.

Le mouton bêle, avait bêlé. — Le cerf brame, avait bramé. — Le serpent siffle, avait sifflé.

Le chien aboie, avait aboyé. — Le porc grogne, avait grogné. — La grenouille coasse, avait coassé. — L'abeille bourdonne, avait bourdonné. — Le poulet piaille, avait piaillé. — La poule piaule, avait piaulé. — La pie jase, avait jasé. — La colombe roucoule, avait roucoulé. — Le dindon glousse, avait gloussé.

Les cris des animaux. — *Trouver les verbes convenables et les mettre au présent de l'indicatif, au passé indéfini, au plus-que-parfait du subjonctif.*

380. L'abeille (bourdonne, a bourdonné, qu'elle eût bourdonné). — L'âne (brait, a brait, qu'il eût brait). — Le bœuf (mugit ou beugle, a mugi, qu'il eût mugi). — Le taureau (beugle, a beuglé, qu'il eût beuglé). — La brebis (bêle, a bêlé, qu'elle eût bêlé). — Le cheval (hennit, a henni, qu'il eût henni). — La linotte (gazouille, a gazouillé, qu'elle eût gazouillé). — Le chat (miaule, a miaulé, qu'il eût miaulé). — Le chien (jappe, a jappé, qu'il eût jappé, ou aboie, a aboyé, qu'il eût aboyé). — Le porc (grogne, a grogné, qu'il eût grogné).

381. La pie (bavarde, a bavardé, qu'elle eût bavardé). — La poule (piaule, a piaulé, qu'elle eût piaulé). — Le cerf (brame, a bramé, qu'il eût bramé). — Le loup (hurle, a hurlé, qu'il eût hurlé). — Le lion (rugit, a rugi, qu'il eût rugi). — L'ours (grogne, a grogné, qu'il eût grogné). — Le renard (glapit, a glapi, qu'il eût glapi). — Le paon (crie, a crié, qu'il eût crié). — La tourterelle (roucoule, a roucoulé, qu'elle eût roucoulé). — Le serpent (siffle, a sifflé, qu'il eût sifflé).

GÉOGRAPHIE

La France : les montagnes. —A l'est de la France, le **Jura** a des sommets atteignant 1 700 mètres et il est renommé pour ses forêts splendides, ses magnifiques vallées. Les **Vosges**, dont quelques sommets atteignent 1 000 mètres, sont des montagnes charmantes, recouvertes d'une riche et vigoureuse végétation, de forêts, de pâturages. Un côté seulement, celui de l'ouest, nous est resté depuis la fatale guerre de 1870, et ces belles montagnes qui étaient tout entières françaises ne le sont plus qu'à moitié. Il faut citer aussi les **Ardennes**.

Dans l'intérieur, la France possède un énorme massif de montagnes qu'on appelle les *Cévennes* et le *Massif central*, quoiqu'il ne soit pas précisément au centre. Ce sont d'anciens volcans éteints. Les plus hauts sommets ne dépassent pas, le *Puy de Sancy* 1800 mètres et le *Puy de Dôme* 1400 mètres. Mais cette masse montagneuse, qui couvre l'Auvergne et le Limousin, présente tant de sites grandioses et charmants qu'on ne cesse d'aller l'admirer.

Résumé. — La France est remarquable par ses montagnes : les *Alpes*, les *Pyrénées*, le *Jura*, les *Vosges*, et, à l'intérieur, les Cévennes et le *Massif central* ou les *monts d'Auvergne*.

Étude du département. — Géographie physique.

LEÇON DE CHOSES

La fenaison. — En juin, l'herbe des prairies est haute, il faut la couper. Cette herbe séchée s'appelle le *foin*, et cette récolte s'appelle *fenaison*, parce que hommes et femmes, *faneurs* et *faneuses*, étendent l'herbe, la mettent en tas, la remuent, pour la *faner* ; puis ils la mettent en bottes. Une senteur très forte s'exhale des herbes coupées.

Il y a toutes sortes d'herbes dans les prairies ; dans les *prairies naturelles*, ce sont des plantes qui ressemblent aux céréales, qu'on appelle *graminées*, et qui poussent naturellement sans qu'on les sème.

Dans les *prairies artificielles*, c'est-à-dire qu'on ensemence, on sème principalement le *trèfle*, la *luzerne*, le *sainfoin*.

Quelquefois, comme l'herbe repousse, on fait une seconde coupe, c'est le *regain*.

Résumé. — Les prairies se divisent en prairies naturelles et artificielles : elles donnent le foin ou le fourrage qui sert à la nourriture des animaux.

LECTURE — ÉCRITURE

Lernoux, Livre de Lect. cour., 2ᵉ partie, p. 252. *La fenaison.* — Delapalme, Premier livre de l'adolescence, p. 70, *Les trente mille francs.*

La France ne possède plus qu'un côté des Vosges.

DEUXIÈME SEMAINE — SAMEDI

MORALE

Revision. — QUESTIONS. Pourquoi avons-nous des devoirs envers les autres hommes ? Parce qu'ils sont nos semblables. Nous devons respecter leur dignité, qui est aussi la nôtre. — Quels devoirs aurons-nous donc envers eux ? Il faut respecter leur vie, leurs biens, leur honneur ; ne pas leur faire ce que nous ne voudrions pas qu'on nous fît à nous-mêmes. — Mais si l'on nous attaque, ne peut-on se défendre ? Le cas de légitime défense est admis. — Et si on vous frappe ? Lorsqu'il n'y a qu'une simple brutalité sans attaque véritable, nous devons opposer la modération et la douceur. — Quel est notre devoir vis-à-vis de la propriété ? Nous devons la respecter. — Mais la propriété ne devrait-elle pas, suivant quelques-uns, être commune à tous ? Cela ne se peut pas : ce ne serait plus la propriété, et cet état de choses entraînerait un perpétuel désordre.

ARITHMÉTIQUE

Revision. — PROBLÈMES. On a imprimé un livre de 160 pages sur 5 feuilles de papier. Combien a-t-on imprimé de pages par feuille ? R. 32 pages.

Si vous lisez tous les jours 4 pages de votre livre de lecture, combien vous faudra-t-il de jours pour le lire entièrement s'il a 128 pages ? R. 32 jours.

Quel est le prix du cent de cahiers lorsque 600 cahiers coûtent 42 francs. R. 7 francs.

Un garçon de recette a touché 7 factures égales, se montant ensemble à 1 498 francs. Quel était le montant d'une seule ? R. 214 francs.

Dans une année (365 jours), combien y a-t-il de semaines (7 jours) ? R. 52 semaines.

Combien peut-on faire de cahiers de 8 feuilles avec 768 feuilles de papier ? R. 96 cahiers.

Combien y a-t-il de cahiers de papier à lettres de 6 feuilles dans 150 feuilles ? R. 25 cahiers.

GRAMMAIRE

Verbes actifs et verbes neutres (p. 80, nᵒˢ 166, 167). LEÇON. *Jacques travaille le bois.* — *Jacques a travaillé toute la journée.*

Dans le premier exemple, *travaille* est *actif* ; dans le deuxième, *a travaillé* est *neutre*.

Les verbes actifs peuvent être employés comme verbes neutres.

Les *temps simples* des verbes neutres ressemblent à ceux des verbes actifs.

Un certain nombre de verbes neutres forment leurs *temps composés* avec le verbe *être.*

EXERCICES (CORRIGÉ, p. 80). — VERBES NEUTRES *se conjuguant avec* **être** (*réguliers*). — *Mettre ces verbes à la troisième personne du présent de l'indicatif et du passé indéfini (singulier et pluriel), en mettant un* **nom** *sujet.*

Modèle : *La balle tombe, est tombée ; les balles tombent, sont tombées.*

382. tomber | rester | arriver | entrer | décéder

La balle tombe, est tombée ; les balles tombent, sont tombées. — La faute reste, est restée ; les fautes restent, sont restées. — Le nuage arrive, est arrivé ; les nuages arrivent, sont arrivés. — Le frère entre, est entré ; les frères entrent, sont entrés. — Un voisin est décédé, des voisins sont décédés.

VERBES NEUTRES *se conjuguant avec* **être** (*irréguliers*).

383. être | mourir | aller | venir | naître | partir | parvenir | sortir

VERBES NEUTRES *se conjuguant avec* **avoir**. — Modèle : *Le vin fermente, a fermenté.*
Conjuguer.

PASSÉ INDÉFINI		PLUS-QUE-PARF. DE L'INDIC.		PASSÉ DU SUBJONCTIF	
384. dîner	flamber	**385.** pétiller	cailler	**386.** insister	échapper
déjeuner	flamboyer	briller	circuler	résister	éclater
souper	marcher	glisser	adhérer	vibrer	
fermenter	mousser	serpenter	échouer	durer	

J'ai dîné, déjeuné, soupé. — Le vin a fermenté. — Le bois a flambé. — L'épée a flamboyé. — L'horloge a marché. — Le savon a moussé.

La flamme avait pétillé. — L'étincelle avait brillé. — Mon pied avait glissé. — L'éclair avait serpenté. — Le lait avait caillé. — La foule avait circulé. — L'auditoire avait adhéré. — La proposition avait échoué.

Le maître avait insisté. — L'élève avait résisté. — L'instrument avait vibré. — Le son avait duré. — Une fausse note avait échappé. — La fanfare avait éclaté.

Mettre ces verbes avec un **nom** *sujet à la troisième personne des temps indiqués.*

IMPARFAIT DE L'INDICATIF		PLUS-QUE-PARF. DE L'INDIC.		FUTUR ANTÉRIEUR			390. *irrégu-liers.*
387. sévir	moisir	**388.** mugir	surir	**389.** jaunir	maigrir	faiblir	dormir
gémir	roussir	resplendir	frémir	bleuir	périr	réagir	vivre
glapir	rajeunir	renchérir	aboutir	verdir	dépérir	pourrir	croître
bondir	vieillir	rugir	retentir	jouir	languir	mûrir	nuire, plaire
rebondir	rejaillir	hennir	réussir	jaillir	agir	atterrir	

La famine sévissait. — Le peuple gémissait. — Le renard glapissait. — L'agneau bondissait. — La balle rebondissait. — Le pain moisissait. — Le pain grillé roussissait. — Mon père rajeunissait. — Je vieillissais. — Le sang rejaillissait.

Le bœuf avait mugi. — Le soleil avait resplendi. — La viande avait renchéri. — Le lion avait rugi. — Le cheval avait henni. — Le vin avait suri. — L'enfant avait frémi. — L'opération avait abouti. — L'écho avait retenti. — Le projet avait réussi.

Le blé aura jauni; les doigts auront bleui. — Les champs auront verdi. — Le peuple aura joui. — Le sang aura jailli. — Le bœuf aura maigri. — La récolte aura péri. — L'homme aura dépéri. — Le malade aura langui. — Le remède aura agi. — Le pouls aura faibli. — La potion aura réagi. — La viande aura pourri. — La pêche aura mûri. — La barque aura atterri.

L'enfant aura dormi. — L'homme aura vécu. — La plante aura crû. — Le vent aura nui. — La rose aura plu.

HISTOIRE

Révision. — La société au moyen âge (p. 55, n°° 130-152). — LEÇON. Ceux qui n'étaient pas *nobles* formaient la classe dite des *roturiers*. On les appelait aussi les *vilains*, nom appliqué surtout aux paysans et aux serfs des *villas* ou métairies. C'était sur eux que pesaient les *corvées*, les *redevances* féodales. Cependant, au XIIIᵉ siècle, la culture et la condition des paysans s'amélioraient.

Louis X, le Hutin, affranchit, en 1316, *les serfs du domaine royal*. Les seigneurs peu à peu imitèrent le roi. La liberté pénétra dans les campagnes.

La paix intérieure et la liberté aidèrent aux progrès de la **culture**. Déjà à la suite des croisades on avait transplanté en Europe le **mûrier**, le **maïs**, le **sarrasin** ou blé noir, l'**artichaut**, l'**épinard**, l'**abricotier**, l'*échalote* (d'Ascalon). On avait construit dans les campagnes des *moulins à vent*, remarqués en Asie.

RÉSUMÉ. — Les classes inférieures virent à partir du XIIIᵉ siècle leur servitude diminuer.

LECTURE — ÉCRITURE

DELAPALME, Premier livre de l'adolescence, p. 75. *Le départ.*

Louis X, le Hutin, affranchit les serfs.

DESSIN

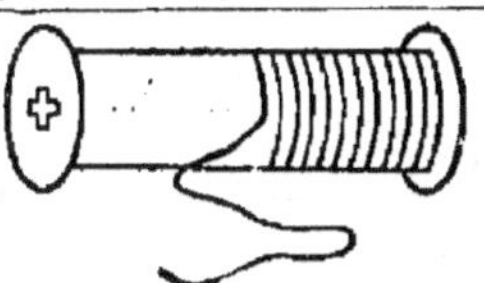

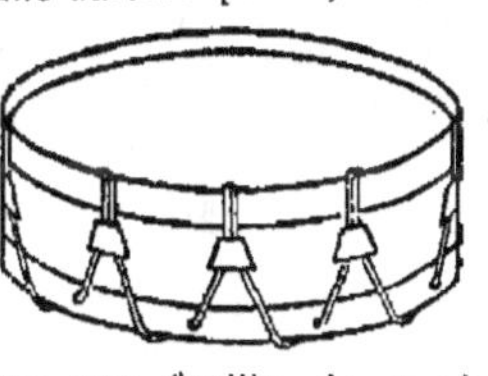

Le cylindre. — LEÇON. La surface du tableau, du mur, du plafond, du plancher, de la table, etc., est une surface *plane*; mais celle du tuyau du poêle, du chapeau, de l'abat-jour est une surface *courbe*. — Les corps qui ont une surface courbe et qui peuvent rouler sont des *cylindres*. — Prenez une feuille de papier, rapprochez-en les deux bords en contournant la feuille, vous formerez un cylindre : *tambours*, *poids* en cuivre, mesures de capacité, *chapeaux* hauts de forme.

Pour représenter ces objets, les cercles de base, c'est-à-dire *inférieur* et *supérieur*, ne pourront plus être exactement *ronds* : on les verra comme s'ils étaient *aplatis* en quelque sorte; en joignant par des droites ces deux cercles, on aura la forme générale de l'objet.

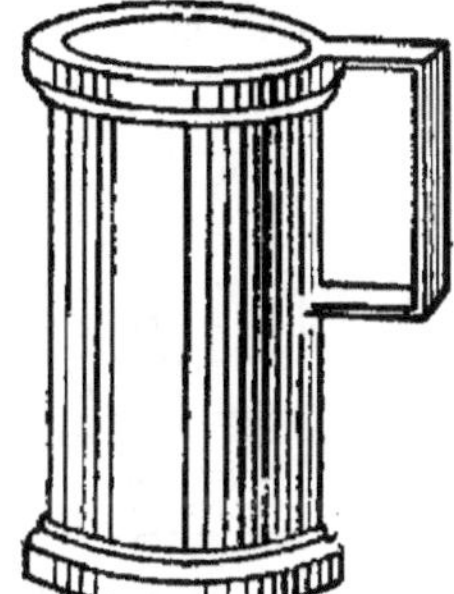

CHANT

DANHAUSER. Chants pour les écoles, p. 122. *La couronne et la rose.*

DELCASSO, 5ᵉ Recueil de morceaux de chant, p. 50, n° 54, *La promenade.*

MORALE

Devoirs envers les hommes : la justice. — Leçon. Je n'ai pas besoin d'insister pour vous sur le vol. Je sais qu'il vous est odieux. Mais il y a bien des manières de voler, de faire tort à son prochain. Voilà un journalier. Il est payé pour travailler un nombre d'heures déterminé. On ne peut être constamment à le surveiller. S'il dort, s'il flâne pendant une partie du temps, fera-t-il son devoir vis-à-vis de celui qui le paie ? Non, il lui fera du tort, car le travail durera plus longtemps, coûtera plus cher. C'est en quelque sorte de l'argent pris dans la poche de celui qui a employé le soi-disant travailleur. Voilà un fabricant qui trompe sur la qualité de la marchandise fabriquée. Fait-il son devoir ? Non. De même si un marchand vend à des prix démesurés. La conscience avertit chacun, et personne ne doit chercher à gagner au détriment des autres.

Résumé. — Le vol ne se pratique pas seulement d'une façon ouverte, il se fait le plus souvent d'une manière dissimulée. On est parfois trop facile sur la tromperie.

ARITHMÉTIQUE

Système métrique : le franc. — Leçon complémentaire. Le dixième du franc est le décime, le *centième* est le centime.

On a fabriqué des pièces spéciales, de la monnaie de bronze : on a des *décimes*, des *centimes*. 10 décimes égalent 1 franc. 100 décimes égaleront 10 francs, 1000 décimes égaleront 100 francs. 100 centimes égaleront 1 franc, 1000 centimes égaleront 10 francs.

Exercices. — Combien de décimes dans 15 francs ? 150. Combien de centimes ? 1500. Combien 18 francs vaudront-ils de décimes ? 180. Combien de centimes ? 1800.

On vous a donné en paiement 2 pièces de 10 francs, 4 pièces de 5 francs, 3 pièces de 1 franc et 4 décimes. Quelle somme avez-vous touchée ? 43 francs 4 décimes ou 40 centimes.

On nous a donné en paiement 5 pièces de 20 francs, 6 pièces de 10 francs, 8 pièces de 2 francs, 9 pièces de 1 franc, 6 décimes et 3 centimes. Quelle somme avons-nous touchée ? 185 fr. 63 cent.

GRAMMAIRE

Verbes réfléchis (p. 82, n° 169). — Leçon. Vous vous regardez dans cette glace : elle reflète votre image ; votre figure vous est quasi renvoyée, c'est-à-dire *réfléchie* par la glace.

Or, si je dis : *Ces garçons se promènent.* — Ces garçons promènent qui ? Eux-mêmes. L'action qu'ils font, se fait pour eux, à leur profit : elle leur revient comme une image renvoyée ou *réfléchie* par un miroir.

On dit que le verbe dans ce cas est **réfléchi**.

Je me *promène*. — Ce verbe est accompagné de *deux* pronoms de la même personne. On le dit aussi verbe *pronominal*.

Aux temps composés le verbe réfléchi se conjugue avec l'auxiliaire **être**.

Résumé. — Le verbe réfléchi exprime une action revenant sur le sujet lui-même.

170. Conjugaison du verbe réfléchi. — Modèle : *Se promener.*

PRÉSENT			PASSÉ DÉFINI			IMPARFAIT			FUTUR		
Je	me	promène	Je	me	promenai	Je	me	promenais	Je	me	promènerai
Tu	te	promènes	Tu	te	promenas	Tu	te	promenais	Tu	te	promèneras
Il	se	promène	Il	se	promena	Il	se	promenait	Il	se	promènera
Nous	nous	promenons	Nous	nous	promenâmes	Nous	nous	promenions	Nous	nous	promènerons
Vous	vous	promenez	Vous	vous	promenâtes	Vous	vous	promeniez	Vous	vous	promènerez
Ils	se	promènent	Ils	se	promenèrent	Ils	se	promenaient	Ils	se	promèneront

PASSÉ INDÉFINI		PASSÉ ANTÉRIEUR		PLUS-QUE-PARFAIT		FUTUR ANTÉRIEUR	
Je me suis	promené	Je me fus	promené	Je m'étais	promené	Je me serai	promené
N. nous sommes	promenés	N. nous fûmes	promenés	N. nous étions	promenés	N. nous serons	promenés

IMPÉRATIF	SUBJONCTIF PRÉSENT	PASSÉ DU SUBJONCTIF
Promène-toi	Que je me promène	Que je me sois promené
Promenons-nous	Que nous nous promenions	Que nous nous soyons promenés
Promenez-vous	**IMPARFAIT**	**PLUS-QUE-PARFAIT**
	Que je me promenasse	Que je me fusse promené
	Que nous nous promenassions	Que nous nous fussions promenés

INFINITIF PRÉSENT	PASSÉ	PARTICIPE PRÉSENT	PASSÉ
Se promener	S'être promené	Se promenant	S'étant promené

TROISIÈME SEMAINE — LUNDI

---

391. *Employer avec un nom sujet les verbes suivants aux temps indiqués.*

INDICATIF PRÉS.	PASSÉ INDÉFINI	PLUS-QUE-PARF.	PASSÉ DÉFINI	IMPÉRATIF	SUBJONCTIF PRÉS.
se sauver	se heurter	s'assembler	se précipiter	se baisser	se lamenter
se réfugier	s'entr'aider	se réunir	se jeter	se hausser	se consoler

La poule se sauve. — Le chat se réfugie. — La voiture s'est heurtée. — Les amis se sont entr'aidés. — Les ouvriers s'étaient assemblés. — Les patrons s'étaient réunis. — L'ennemi se précipita. — Les soldats se jetèrent. — Baissez-vous. — Haussez-vous. — Que les femmes se lamentent. — Que les malheureux se consolent.

HISTOIRE

Revision. — La société au moyen âge (p.54, nᵒˢ 133-136).—Leçon. L'organisation des **communes** avait aussi fait pénétrer la liberté dans les villes. *L'industrie* s'y développait.

On avait rapporté d'Orient de belles étoffes, des *tissus de Damas*, le goût des *armes ornées* et *ciselées*. Mais les métiers à filer, à tisser, étaient mal agencés, incommodes.

De plus, si les artisans étaient libres, le travail ne l'était pas. Il demeurait un **droit** acheté au seigneur et au roi.

Le nombre des **maîtres** était limité. Pour devenir **maître** ou **patron**, il fallait qu'une *maîtrise* fût vacante. Le candidat à une maîtrise était tenu d'accomplir un *travail* long et coûteux, le **chef-d'œuvre**. Par exemple, pour prouver son habileté, le vendeur d'*oublies* devait fabriquer en un jour un *millier d'oublies*. Le candidat reçu, la maîtrise vacante, il fallait avoir le moyen de la **payer**.

Les *maîtres* et ouvriers du même métier formaient comme une famille : une **corporation**, qui avait ses règlements, ses magistrats ou *jurés*, sa bannière, ses fêtes.

Les *corps de métiers* se groupaient dans les mêmes quartiers. De là les noms qui ont survécu : rues de la *Tannerie*, de la *Vannerie*, des *Orfèvres*, des *Taillandiers*, quai de la *Mégisserie*, etc.

Au moyen âge, chaque ville est fortifiée. La ville étouffe dans cette enceinte de hautes murailles et de tours. Faute de place, les maisons ont dû être surélevées; les étages avancent sur la rue : ils touchent presque ceux d'en face. Les rues, étroites, en deviennent obscures, humides.

Le soir, nulle lumière. Défense même est faite, passé une certaine heure, d'en avoir chez soi, ainsi que du feu. La cloche du *beffroi* sonne le **couvre-feu**, et tout s'éteint, car on avait peur des conspirations et des incendies.

Résumé. — Les artisans étaient au moyen âge groupés en *corporations* et soumis à beaucoup de règlements.

LEÇON DE CHOSES

Le règne végétal (*suite*) : **plantes industrielles.** — Beaucoup de plantes sont cultivées pour les besoins de l'industrie : les unes servent au tissage des étoffes, ce sont les plantes *textiles*; d'autres dont on extrait de l'huile, plantes *oléagineuses*; d'autres dont on retire des matières colorantes employées dans la teinture, plantes *tinctoriales*.

Les principales plantes textiles sont le *lin*, le *chanvre* et le *coton*; nous en avons parlé. Dans les plantes oléagineuses, l'amande de l'*olivier* et celle de la *noix* donnent les meilleures huiles à manger.

Les plantes dont on retire l'huile qui sert à l'*éclairage* et à la fabrication du *savon*, sont le *colza*, le *chanvre*, la *navette*. La matière huileuse se trouve dans les graines qu'on écrase.

Les principales plantes *tinctoriales* sont : la *garance*, dont la racine donne une belle couleur rouge; la *gaude*, espèce de réséda qui donne une couleur jaune, ainsi que le *safran*; le *pastel*, qui donne une couleur bleue.

LECTURE — ÉCRITURE

Delapalme, Premier livre de l'adolescence, p. 78, *La probité.*

Le bien mal acquis n'enrichit jamais.

TRAVAIL MANUEL

Garçons. —Pliage. Groupe de lettres. Le maître fera exécuter les mots : CHARLES, PIERRE, JEAN, JACQUES, GUSTAVE, XAVIER, YONNE. **Filles.** — Couture. Emploi de l'étoffe. Pièce rectangulaire. Plusieurs tours de points devant.

TROISIÈME SEMAINE — MARDI

MORALE

Devoirs envers les hommes : la justice — Leçon. Nous ne devons donc faire tort à notre prochain dans aucun de ses intérêts et nous approprier quoi que ce soit qui lui appartienne. Nous ne devons tromper personne, et par conséquent la bonne foi doit être pour nous une règle absolue. D'ailleurs manquer de bonne foi, c'est retomber dans le mensonge. On renie en quelque sorte sa parole. On a, suivant l'expression populaire, deux paroles. Ce n'est pas le fait d'un homme qui a de la conscience, qui se respecte et qui respecte les intérêts des autres. D'ailleurs qui voudra avoir confiance en un homme qui manque de parole? Quelles affaires traiter avec lui?

Résumé. — Manquer à la parole donnée, c'est faire tort aux autres et à soi-même.

Maximes. — Le trompeur est souvent trompé. Tout menteur, tout voleur.

ARITHMÉTIQUE

La division (*suite*, p. 61). — Leçon (pour les élèves de 2ᵉ année). — **12. Le diviseur a plusieurs chiffres.** — 1ᵉʳ Exemple. — *Soit à diviser* **112** *par* **28.**

Nous ne savons pas la table de multiplication par **28.** Alors nous négligeons, pour le moment, un chiffre à droite au dividende et au diviseur.

En **11** combien de fois **2**? **5** fois. Le quotient est-il véritablement **5**?

Multiplions-le par **28.**

$5 \times 28 = 140.$

140 étant plus grand que **112**, le chiffre du quotient est trop fort.

Essayons **4.** $4 \times 28 = 112.$

Nous retrouvons le dividende. Faisons la soustraction : il n'y a point de reste.

4 *est le quotient cherché.*

2ᵉ Exemple. — *Soit à diviser* **36 524** *par* **468.**

On sépare, sur la droite du dividende, assez de chiffres pour former un nombre au moins égal à **468** et l'on fait l'opération comme ci-contre.

$$\begin{array}{r|l} 112 & 28 \\ 112 & \overline{4} \\ \hline 0 & \end{array}$$

$$\begin{array}{r|l} 112 & 28 \\ 140 & \overline{5} \end{array}$$

$$\begin{array}{r|l} 36\,524 & 468 \\ 3\,764 & \overline{777} \\ 488 & \end{array}$$

Exercices. Calcul écrit (p. 62, nᵒ 55, *suite*). — *Plusieurs chiffres au quotient.*

E.			F.			G.			H.		
578 :	24 =	15	841 :	21 =	40	547 :	19 =	28	923 :	32 =	28
1 247 :	23 =	54	647 :	25 =	28	5 478 :	16 =	342	547 :	41 =	13
86 475 :	97 =	891	36 540 :	78 =	468	64 714 :	85 =	761	8 541 875 :	2 119 =	4 031
573 470 :	6 741 =	85	897 410 :	891 =	1 007						

GRAMMAIRE

Principaux verbes irréguliers (p. 81, nᵒ 168). — Leçon. *Aller à Paris : je vais, j'irai à Paris.* — Il y a dans la langue française beaucoup de verbes irréguliers. Vous les apprendrez plus tard, mais il y en a quelques-uns, très usités, que vous pouvez apprendre dès maintenant, *aller, envoyer* et un certain nombre de verbes en *ir*. Le maître n'insiste pas sur ces verbes dans le Cours élémentaire.

1ʳᵉ CONJUGAISON					
Aller				**Envoyer**	
Je vais	J'irai	Que j'aille	J'enverrai		J'enverrais
Tu vas	Tu iras	Que tu ailles	Tu enverras		Tu enverrais
Il va	Il ira	Qu'il aille	Il enverra		Il enverrait
Nous allons	Nous irons	Que nous allions	Nous enverrons		Nous enverrions
Vous allez	Vous irez	Que vous alliez	Vous enverrez		Vous enverriez
Ils vont	Ils iront	Qu'ils aillent	Ils enverront		Ils enverraient

2ᵉ CONJUGAISON						
Courir Je cours	Je courais	Je courus	Je courrai		Que je courusse	Couru
Cueillir Je cueille	Je cueillais	Je cueillis	Je cueillerai	Que je cueille	Que je cueillisse	
Sortir Je sors	Je sortais	Je sortis		Que je sorte	Que je sortisse	
Sentir Je sens	Je sentais	Je sentis		Que je sente	Que je sentisse	
Partir Je pars	Je partais	Je partis		Que je parte	Que je partisse	
Tenir Je tiens	Je tenais	Je tins	Je tiendrai	Que je tienne	Que je tinsse	
Venir N. venons						
Fuir Je fuis	Je fuyais			Que je fuie		
Mourir Je meurs	Je mourais	Je mourus	Je mourrai	Que je meure	Que je mourusse	Mort

TROISIÈME SEMAINE — MARDI

Exercices. — **Dictée. Un arbre précieux.** — Vous *avez* peut-être *vu* déjà les grosses noix de coco. L'arbre dont elles *viennent* est le cocotier, qui ne *pousse* que dans les pays chauds. Les habitants de ces régions *couvrent* leurs cabanes avec ses larges feuilles, *tressent* des nattes avec leurs fibres fines et résistantes. Dans le fruit *se cache* un lait blanc et doux fort agréable, et l'écorce *contient* une bourre dont on *tisse* des vêtements et des filets. Enfin le bois *sert à fabriquer* des vases et des ustensiles de ménage.

Relever les différentes sortes de verbes : **actifs** : *avez vu, couvrent, tressent, contient, tisse, fabriquer*; **neutres** : *viennent, pousse, sert*; **pronominal** : *se cache.*

26° Rédaction (p. 82). — *Racontez comment saint Louis se plaisait à rendre la justice à Vincennes.* (Corrigé p. 45.)

GÉOGRAPHIE

La France : les fleuves. — Des montagnes qui bordent la France ou qui se dressent dans l'intérieur, descendent quantité de beaux fleuves. Le **Rhône**, l'un des plus abondants de l'Europe, a presque tout son cours en France et va se jeter dans la *Méditerranée*.

Entre le Massif central et les Pyrénées coule encore un autre fleuve rapide, la **Garonne**, qui va se jeter dans l'Océan Atlantique.

Du Massif central descend, furieuse d'abord comme un torrent, la **Loire**, qui devient plus calme dans les vastes plaines du Centre, dessine une courbe et se dirige vers l'Océan Atlantique. Des montagnes qui se rattachent au Massif central naît, à un long intervalle, la **Seine**, coulant dans un pays fertile, ouvert, accessible et dans lequel s'est fixé le centre de la vie française, *Paris*.

Au nord, la France compte encore la **Somme**, l'Escaut, qui finit en Belgique, la **Meuse**, qui finit en Hollande, la *Moselle*, dont nous n'avons plus qu'une partie. Avant 1870 la France touchait encore au Rhin.

Résumé. — La France est arrosée par le *Rhône*, la *Garonne*, la *Loire* et la *Seine*, l'*Escaut* et la *Meuse*.

Étude du département. — Géographie physique.

LECTURE — ÉCRITURE

Guérin, Premières lectures, p. 89, *Les végétaux.*

Les plus anciens monuments sont les Pyramides d'Égypte.

DESSIN

La pyramide; le cône. — **Leçon.** Certains corps se terminent en pointe, comme les clochers par exemple. Si leur base est un triangle, un carré, un rectangle, etc., on les appelle des **pyramides**. Ainsi la *tente* en toile a souvent la forme d'une pyramide.

Si la base de ces objets pointus est un cercle, on les appelle des **cônes**. Le *pain de sucre*, l'*éteignoir*, le *chapeau pointu* sont des cônes. La pointe s'appelle le *sommet*. — Pour représenter une pyramide, on dessine d'abord la base (triangle, carré, etc.), puis, exactement au-dessus du centre et à hauteur voulue, on place le sommet; il n'y a plus qu'à joindre ce sommet aux extrémités des côtés de la base. Bien entendu, il y a des faces qui sont cachées par celles qui se trouvent devant le dessinateur.

Pour le cône, on dessine une sorte de *cercle aplati* et on joint les deux extrémités du *diamètre transversal* au sommet.

CHANT

Parès, Méth. prat., p. 20, étude du rythme, mesure à 2 temps, 1ʳᵉ série, nᵒˢ 52 à 57.

Danhauser, Premiers éléments de musique, p. 50 et 51, Exercices sur la mesure à 2, nᵒˢ 3, 4.

Delcasso, Recueil de morceaux de chant, p. 58, nᵒ 40, *Ma chatte blanche.*

TROISIÈME SEMAINE — MERCREDI

MORALE

Devoirs envers les hommes : la justice.
— LEÇON. Nous ne devons pas faire tort aux autres dans leurs intérêts matériels, comment pourrions-nous leur faire tort dans leurs intérêts moraux ? L'honneur est un bien aussi précieux que la vie. Attenter à l'honneur de quelqu'un, le calomnier, c'est un acte coupable, très coupable et qui tombe aussi sous l'action des lois. Et même quand la personne attaquée serait une personne ayant été condamnée, nous n'avons pas le droit de l'injurier et d'aller colporter partout son infamie. Rien ne dit que ce coupable ne s'est pas corrigé.

RÉSUMÉ. — L'honneur du prochain doit être respecté par nous, et nous ne pouvons y porter atteinte, encore moins le détruire par la calomnie.

ARITHMÉTIQUE

La division (p. 61, *suite*). — LEÇON (pour les élèves de 2ᵉ année). **13.** *Le dividende et le diviseur sont terminés par des zéros.* — Dans une division, il arrive parfois que le dividende et le diviseur sont tous deux terminés par des zéros. Soit à partager 5600 francs entre 20 personnes.

Dans ce cas, avant de faire la division, *on supprime le même nombre de zéros au dividende et au diviseur.*

En effet, si l'on partage 60 francs au lieu de 600, chaque personne aura **10** *fois moins.* Mais si l'on partage 60 francs entre **2** personnes au lieu de **20**, chacune aura **10** *fois plus.*

Donc *le quotient ne change pas* quand on divise **60** par **2** au lieu de diviser **600** par **20**.

2° EXEMPLE : 565000 : 840

$$565000 \mid 8400$$
$$290 \quad \overline{43}$$
$$38$$

EXERCICES. CALCUL. ÉCRIT. CORRIGÉ (p. 62, n° 55, *suite*).

I. 875 000 : 60 = 14 585 | 8 570 : 900 = 9 | 5 408 000 : 29 000 = 186
J. 971 000 : 800 = 1 213 | 635 400 : 400 = 1 633 | 8 679 651 312 : 9 654 = 899 075

GRAMMAIRE

Principaux verbes irréguliers.

3ᵉ CONJUGAISON

Voir
Je vois | Je vis | Je verrai
Nous voyons | Nous vîmes | Voyons, vu

Pouvoir
Je peux *ou* puis | Je pus | Que je puisse
Nous pouvons | Je pourrai | Pouvant, pu

Devoir
Je dois | Nous dûmes | Que je doive
Nous devons | Je devrai | Devant, dû

Savoir
Je sais | Je sus | Que je sache
Nous savons | Je saurai | Sachant, su

Vouloir
Je veux | Je voulus | Que je vouille
Nous voulons | Je voudrai | Voulu

Falloir
Il faut | Il fallut | Il faudra | Qu'il faille

S'asseoir
Je m'assieds | Je m'assis | Que je m'asseye
N. n. asseyons | Je m'assiérai | Assis

Pleuvoir
Il pleut | Il pleuvra | Plu | Qu'il pleuve
Ces deux verbes ne s'emploient qu'à la 3ᵉ personne du singulier

4ᵉ CONJUGAISON

Prendre	Je prends	Je prenais	Je pris	Que je prenne	Que je prisse	
Lire	Je lis	Je lisais	Je lus	Que je lise	Que je lusse	Lu
Dire	Je dis / Nous disons / Vous dites	Je disais	Je dis	Que je dise	Que je disse	Dit
Boire	Je bois / Nous buvons	Je buvais	Je bus	Que je boive	Que je busse	Bu
Croire	Je crois	Je croyais	Je crus	Que je croie	Que je crusse	Cru
Connaître	Je connais	Je connaissais	Je connus	Que je connaisse	Que je connusse	Connu
Coudre	Je couds	Je cousais	Je cousis	Que je couse	Que je cousisse	Cousu
Faire	Je fais	Je fis	Je ferai	Que je fasse	Que je fisse	Fait
Naître	Je nais	Je naîtrai	Je naquis	Que je naisse	Que je naquisse	Né
Vivre	Je vis	Je vécus	Je vivrai	Que je vive	Que je vécusse	Vécu

HISTOIRE

Revision. — **La société au moyen âge** (p. 54, n°° 137, 138). — Leçon. La science se ranimait. Dans les monastères on copiait avec ardeur les **manuscrits** et on les ornait de *miniatures* ou images.

Depuis que l'on connaissait l'Orient, on abandonnait les *chiffres romains* pour les chiffres dits *arabes*. — On s'en sert encore aujourd'hui.

Les **écoles de Paris** attiraient des élèves de toutes les parties de l'Europe.

Exercices. — *Copier les lexiques* (p. 55, n°° 109, 110). 111. Expliquer les mots : sacre, tournoi, barde, lice, surcot, cathédrale, ogivale, armoiries. — **Sacre**, cérémonie dans laquelle le roi était oint de l'huile sainte et couronné. — **Tournoi**, joute avec des lances. — **Barde**, plaque de fer dont on revêtait le cheval de guerre. — **Lice**, champ clos où luttaient les combattants des tournois. — **Surcot**, tunique sans manches. — **Cathédrale**, église principale où se trouve le siège d'un évêque. — **Ogivale**, architecture dont le signe était l'*ogive* ou arc brisé. — **Armoiries**, signes particuliers par lesquels on distinguait les familles nobles.

Les savants parlaient en *latin*, mais des poètes ou **trouvères** s'en allaient chanter en *français* dans les salles des châteaux les exploits de « Charlemagne et de Roland ».

Des chroniqueurs (historiens), comme **Villehardouin** et **Joinville**, racontaient en *français* les événements de leur temps.

Au XIII° siècle, on constatait l'existence d'un *art français*, une *langue française*, une *industrie française*. C'est le commencement de la **civilisation française**.

LEÇON DE CHOSES

Le règne végétal (*suite*) : **plantes médicinales.** — Leçon. Beaucoup de plantes fournissent des médicaments. On prépare des tisanes en faisant infuser dans l'eau bouillante les fleurs séchées de la *camomille*, de la *mauve*, de la *violette*, du *coquelicot*, du *sureau*, du *tilleul*, les feuilles de la *ronce*, du *noyer*, les bourgeons de *sapin*. Si l'on écrase les graines de *lin*, de *moutarde*, on obtient de la farine qui sert à composer des cataplasmes.

La racine de *rhubarbe* est purgative ; il en est de même de l'huile obtenue en écrasant les graines du *ricin*.

Certaines plantes étrangères nous procurent des médicaments importants : l'écorce du *quinquina* fournit un fortifiant et on en retire la *quinine*, employée contre la fièvre ; la racine d'*ipécacuana* fournit un vomitif que peut-être vous avez déjà pris ; du fruit du pavot on extrait l'*opium*, qui fait dormir. Par contre, certaines plantes contiennent des poisons mortels : la *belladone*, l'*aconit* ; la petite *ciguë* ressemble au persil et au cerfeuil.

Mais, de ces poisons, la science a pu aussi faire des remèdes.

LECTURE — ÉCRITURE

Guérin, *Premières Lectures*, p. 120, *La vengeance de l'homme de bien.*

Un coup de langue peut blesser plus qu'un coup de lance.

TRAVAIL MANUEL

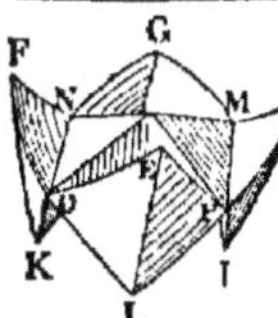

Garçons. — Pliage. **Porte-cigares ; salière.**

1° Au centre d'un carré (fig. *c*), je rabats ses quatre angles DFGH par-dessus, puis par-dessous et au centre également les quatre angles ABCD, j'obtiens la figure *d* ;

2° J'abaisse les pointes (fig. *d*) IJKL qui serviront de pied (fig. *e*) et j'ouvre les poches ainsi formées pour obtenir le porte-cigares (fig. *a*) ;

3° En repliant auparavant (fig. *b*), suivant MN, NO, OP, PM, les sommets H en I, G en J, F en K et E en L, j'obtiens la salière.

Filles. — Couture. Emploi de l'étoffe. Réunir deux morceaux d'étoffe de même surface par un surjet tout autour.

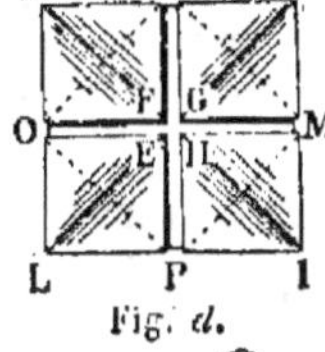

TROISIÈME SEMAINE — VENDREDI

MORALE

Devoirs envers les hommes: la justice. — LEÇON. C'est un acte bien coupable que la calomnie. D'habitude nous n'allons pas jusque-là. Mais comme on se permet de dire du mal de son prochain! Comme on ouvre les yeux, n'est-ce pas, sur ses défauts! Si jeunes que vous soyez, je vous entends vous raconter les uns aux autres les petites fautes que l'un de vous a pu commettre, vous réjouir presque des punitions qu'il a pu s'attirer. C'est ce qu'on appelle la **médisance**. C'est moins grave sans doute que la calomnie, mais c'est manquer au devoir de justice envers les autres. Comment! direz-vous, nous faisons justice au contraire. Sans doute, mais ce n'est pas à vous de faire justice. Êtes-vous bien sûr que vous êtes meilleur que celui que vous critiquez? Corrigez-vous et ne vous mêlez pas de corriger les autres.

RÉSUMÉ. — On fait beaucoup de tort à son prochain par la *médisance*.

MAXIME. — Tel qui voit une paille dans l'œil de son voisin, ne voit pas une poutre qui se trouve dans le sien.

ARITHMÉTIQUE

La division: preuve. — LEÇON. La division étant le contraire de la multiplication, pour en faire la preuve *on multiplie le quotient par le diviseur et l'on doit retrouver le dividende.*

Dans le cas où il y a un reste à la division, il faut l'ajouter au produit de la multiplication pour obtenir le dividende complet.

Il faut plutôt prendre le plus grand nombre comme multiplicande pour abréger le calcul, puis avoir le soin d'écrire le reste avant d'additionner les produits partiels.

Opération.

```
2675 | 78
 335 |————
  25 |  34
```

Preuve.

```
  34 quotient
  78 diviseur
————
 272
 238
————
2652
  23 reste
————
2675 dividende.
```

EXERCICES. — CALCUL ÉCRIT (CORRIGÉ, p. 62, n° 55, *suite*).

K. 1490: 70 = 21   7171000: 85000 = 84   L. 23500: 400 = 58   912060: 4700 = 194
    26340: 280 = 94   6894000: 54000 = 202   75800: 600 = 126   725050: 5200 = 139

GRAMMAIRE

171. Éléments d'analyse grammaticale: verbes et pronoms (p. 85, n° 171). — LEÇON. L'analyse des noms, des articles, des adjectifs, est assez simple. Mais pour les pronoms et pour les verbes il y a plus à dire.

Regarde la neige. — On nous dit d'analyser le verbe. C'est *regarde*. À quel temps est-il? à l'impératif; à quelle personne? à la 2ᵉ personne du singulier; à quel verbe appartient-il? au verbe *regarder*; de quelle conjugaison? de la première; quelle sorte de verbe? *actif.* Écrivons :

Regarde, verbe actif, 2ᵉ personne du singulier de l'impératif; 1ʳᵉ conjugaison.

Elle tombe. — On nous dit d'analyser ces deux mots. Qu'est-ce que *elle*? un *pronom*; quel pronom? *personnel*, 3ᵉ personne singulier féminin; quel rôle joue-t-il? sujet; de quoi? de *tombe*. Écrivons :

Elle, pronom personnel, 3ᵉ personne singulier féminin, sujet de *tombe*.

Qu'est-ce que *tombe*? un verbe à l'indicatif présent 3ᵉ personne du singulier de *tomber*, 1ʳᵉ conjugaison. *Tombe* ne saurait avoir de complément direct : c'est un verbe neutre. Écrivons :

Tombe, verbe neutre, 3ᵉ personne du singulier de l'indicatif présent de *tomber*, 1ʳᵉ conjugaison.

La terre qui est blanchie, se dérobe sous ce tapis glacé. — On nous dit d'analyser les pronoms et les verbes. Nous voyons *qui*. C'est un pronom *relatif.* À quel antécédent se rapporte-t-il? à *terre*; il sera du féminin singulier. Quel rôle joue-t-il? sujet de *est blanchie*. Écrivons :

Qui, pronom relatif féminin singulier, ayant pour antécédent *terre*, et sujet de *est blanchie*.

Est blanchie. — Quel verbe? un *verbe passif*; à quel temps? à l'*indicatif présent*, 3ᵉ personne du singulier. Quel est l'infinitif actif? *blanchir*. Quelle conjugaison? 2ᵉ. Écrivons :

Est blanchie, verbe passif, 3ᵉ personne du singulier de l'indicatif présent du verbe *blanchir*, 2ᵉ conjugaison.

Se dérobe. — Le pronom est ici lié au verbe : c'est un *verbe pronominal* ou réfléchi, à la 3ᵉ personne du singulier du présent de l'indicatif du verbe *se dérober*, 1ʳᵉ conjugaison. Écrivons :

Se dérobe, verbe réfléchi, 3ᵉ personne du singulier du présent de l'indicatif du verbe *se dérober*, 1ʳᵉ conjug.

EXERCICES. — Analyser grammaticalement les phrases suivantes : Le vent ébranle les arbres. Les feuilles sont tombées. Des branches ont été cassées. Les eaux de la rivière se soulèvent et forment des flots. Le ciel s'obscurcit. La tempête sévit.

Indiquer pour les phrases précédentes les sujets et les compléments directs.

Sujets : le *vent*, les *feuilles*, des *branches*, les *eaux*, le *ciel*, la *tempête*.

Compléments directs : les *arbres*, des *flots*.

GÉOGRAPHIE

La France : le climat. — LEÇON. Nous avons dit qu'on entend par *climat* l'ensemble des conditions qui influent sur la température d'un pays. La France reçoit les vents de l'Océan. Elle reçoit les vents de l'Afrique à l'ouest par la Méditerranée. Mais les vents du nord ne rencontrent pas d'obstacles dans une grande partie du pays. La France est plus abritée des vents d'est. L'extrême froid et l'extrême chaleur y durent peu. En général, la température est moyenne. Sauf dans quelques contrées du midi, les pluies sont abondantes. Elles sont plus fréquentes dans le nord. La France a donc un climat qui convient admirablement à la santé des hommes et au développement des plantes. La vigne y réussit jusque dans le bassin de la Seine. L'olivier peuple la vallée du Rhône. L'oranger fleurit en pleine terre sur la côte de la Méditerranée. Le myrte même croît en Bretagne. La France a cet heureux avantage d'avoir chez elle une très grande variété de productions, et de trouver dans son sol ce qu'il faut pour la nourrir.

RÉSUMÉ. — Le climat de la France est tempéré, naturellement plus chaud vers le midi. Ce climat tempéré permet au pays de produire toutes les plantes nécessaires à la vie.

ÉTUDE DU DÉPARTEMENT. — Géographie physique.

LEÇON DE CHOSES

Le règne végétal : plantes exotiques. — Les végétaux, comme les animaux, ne croissent pas indifféremment partout; il y a des plantes spéciales aux pays chauds, aux pays tempérés, aux pays froids. Les plantes étrangères sont les plantes *exotiques*. Nous avons déjà parlé du *riz* comme plante alimentaire; il faut y joindre : l'arbre à *thé*, dont les feuilles séchées fournissent par infusion une boisson hygiénique; le *caféier*, dont vous connaissez tous le fruit, ces graines de café, qu'on a d'abord grillés avant de s'en servir; le *cacaoyer*, dont les graines, le *cacao*, servent à faire le chocolat. En écrasant les graines d'*arachide*, on obtient une huile à manger; les *dattes* sont le fruit du dattier, sorte de palmier très répandu en Afrique. De la racine de *manioc* (arbrisseau d'Amérique) on tire une fécule qui sert à faire le tapioca.

Mais il n'y a pas que des plantes alimentaires; beaucoup de bois employés en ébénisterie proviennent des pays tropicaux : tels sont l'*ébène*, l'*acajou*, le *palissandre*.

Le *caoutchouc*, dont l'usage se répand de plus en plus, provient d'un suc laiteux qu'on extrait de beaucoup d'arbres des pays chauds en faisant une incision au tronc.

LECTURE — ÉCRITURE

Mlle WIRTH. Premières leçons d'économie domestique, p. 128, *Plantes vénéneuses.*

La France jouit d'un climat tempéré.

TRAVAIL MANUEL

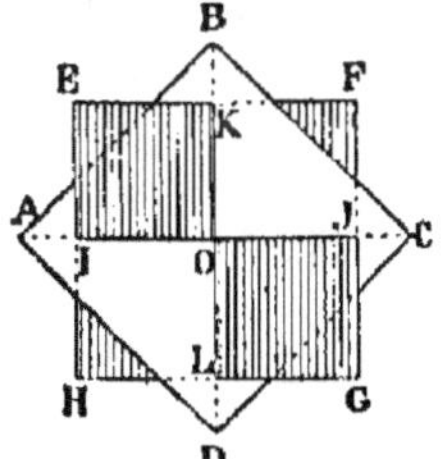

Garçons. — PLIAGE. **Carrés entrelacés.**

1° Je construis deux carrés égaux, l'un ABCD vert, l'autre EFGH orange.

2° Je coupe les deux diagonales de l'un d'eux suivant une longueur IJ, KL égale au côté du carré.

3° J'intercale le carré EFGH sous les pointes IOL et KOJ.

Filles. — COUTURE. Emploi de l'étoffe. Réunir deux morceaux d'étoffe de même surface par un surjet tout autour.

MORALE

Revision. — Questions. Le vol est odieux, mais n'y a-t-il pas des façons de voler auxquelles on paraît accorder trop d'indulgence ? Oui ; par exemple, le journalier vole celui qui l'emploie en ne travaillant pas suffisamment ; le fabricant en trompant sur la qualité de la marchandise fabriquée ; le commerçant en faussant les prix. — N'y a-t-il pas encore d'autres moyens de faire tort à son prochain ? Oui ; en manquant de bonne foi, en ne tenant pas sa parole, ses engagements. — N'y a-t-il pas aussi là un danger personnel ? — Oui, car on ne peut pas avoir confiance en quelqu'un qui n'a pas de parole. — Quels sont encore nos devoirs envers le prochain ? Il faut respecter son honneur, qui est aussi respectable que le nôtre. — Qu'entendez-vous par respecter l'honneur de quelqu'un ? Ne pas le calomnier. — Qu'est-ce que calomnier ? C'est accuser quelqu'un d'une mauvaise action qu'il n'a pas commise. — Mais n'y a-t-il pas de fautes moins graves et plus fréquentes ? Oui, il y a la médisance. — Qu'entendez-vous par la médisance ? C'est dire du mal de quelqu'un, même véritable. On ne doit dire du mal de personne et il faut retenir sa langue.

ARITHMÉTIQUE

La division (p. 65). — Leçon de Résumé. La division indique combien de fois un nombre est contenu dans un autre.

Les deux termes s'appellent *dividende* et *diviseur*, le résultat *quotient*.

On se sert, pour la division, de la multiplication et aussi de la soustraction.

On multiplie le diviseur par chacun des chiffres obtenus au quotient et on retranche le produit du dividende partiel correspondant.

Le dividende est plus fort que le diviseur.

Le reste ne saurait jamais être supérieur ou égal au diviseur.

On fait la preuve en multipliant le quotient par le diviseur. Il ne faut pas oublier d'ajouter au produit de cette multiplication le reste de la division.

Questionnaire. — Qu'est-ce que la division ? La division est une opération par laquelle on partage un nombre en plusieurs parties égales, ou l'on cherche combien de fois un nombre plus petit est contenu dans un nombre plus grand. — Qu'est-elle par rapport à la multiplication ? C'est le contraire. — Comment appelez-vous les termes de la division ? Le nombre à diviser est le dividende ; le nombre qui divise est le diviseur. — Que veut dire *quotient* ? Il veut dire combien de fois le diviseur est contenu dans le dividende. — Comment écrit-on une division ? On écrit une division en mettant les deux nombres en regard l'un de l'autre avec le signe :, ou en superposant le plus grand et le plus petit. — Comment fait-on une division par un seul chiffre ? — par deux ? — par trois ? La division se fait de la même façon. On sépare sur la gauche du dividende assez de chiffres pour contenir le diviseur au moins 1 fois, et moins de 10 fois. C'est le premier dividende partiel. On fait la division et on abaisse successivement chacun des chiffres du dividende pour former les dividendes partiels. — Qu'entendez-vous par abaisser un chiffre ? A chaque résultat partiel on abaisse le chiffre suivant du dividende, qu'on joint à ce résultat. — Qu'arrive-t-il si le chiffre du quotient est trop fort ? Si le chiffre du quotient est trop fort, on ne peut soustraire du dividende le diviseur multiplié par le quotient. — S'il est trop faible ? On a un reste plus fort que le diviseur. — Comment faites-vous la preuve de la division ? En multipliant le diviseur par le quotient. — Pourquoi opérez-vous ainsi ? Parce qu'on doit retrouver le dividende, puisque le quotient indique combien de fois le diviseur y est contenu. — Que ne faut-il pas oublier dans la preuve ? Le reste.

GRAMMAIRE

Revision. Verbes passifs. — Leçon. Le verbe passif indique une action reçue ou soufferte par le sujet.

Ce sont les verbes actifs qui deviennent des verbes passifs. Les verbes passifs se conjuguent avec l'aide du verbe *être*.

Le participe, jouant le rôle de l'attribut, s'accorde avec le sujet.

Le verbe neutre est celui qui ne peut recevoir un complément direct.

Quatorze verbes neutres se conjuguent avec l'auxiliaire *être*.

Le verbe réfléchi exprime une action revenant sur le sujet lui-même.

Ses temps composés se forment avec l'auxiliaire *être*.

QUESTIONNAIRE (p. 85, n° 10). — 1. Qu'entendez-vous par le verbe passif? Le verbe passif indique une action reçue ou soufferte par le sujet. — 2. Quels verbes forment les verbes passifs? Les verbes actifs peuvent devenir passifs. — 3. Comment conjugue-t-on le verbe passif? On conjugue le verbe passif avec l'auxiliaire *être*. — 4. Quelle est la règle d'accord, en ce cas, du participe passé? Le participe passé s'accorde avec le sujet du verbe. — 5. Qu'est-ce qu'un verbe neutre? Le verbe neutre est celui qui, exprimant une action, ne peut recevoir de complément direct. — 6. Comment se conjuguent les temps simples du verbe neutre? Les temps simples du verbe neutre se conjuguent comme ceux du verbe actif. — 7. Comment se conjuguent les temps composés des verbes neutres? Un certain nombre de verbes neutres forment leurs temps composés avec le verbe *être*. — 8. Un verbe actif peut-il aussi être neutre? Un verbe actif peut être employé comme un verbe neutre. — 9. Qu'est-ce qu'un verbe réfléchi? Un verbe réfléchi exprime une action revenant sur le sujet lui-même. — 10. Pourquoi dit-on aussi qu'un verbe réfléchi est pronominal? Parce qu'il est accompagné de deux pronoms de la même personne. — 11. Comment se fait la conjugaison des verbes réfléchis? Les temps composés du verbe réfléchi se conjuguent avec l'auxiliaire *être*.

HISTOIRE

Revision. QUESTIONNAIRE (p. 55, n° 15). — 114. Quels avaient été les agrandissements du domaine royal sous les Capétiens directs? Le domaine royal s'était agrandi de la Normandie, du Maine, de l'Anjou, de la Touraine, du Poitou, d'une partie du Languedoc, du comté de Toulouse, de la Champagne, d'une partie de la Flandre. — 115. Qu'était devenue la couronne? Elle était devenue un héritage que les princes de la famille de Hugues Capet se transmettaient. — Qu'est-ce que le roi? Le roi est une personne consacrée par une onction analogue à celle des prêtres. — 116. Quels grands officiers le roi avait autour de lui? Le chambrier, le bouteiller, le sénéchal, le connétable, les maréchaux, le chancelier. — 117. Que forment les grands officiers et les vassaux du roi? Sa cour, son conseil, son tribunal. — 118. D'où sortit le Parlement? De la cour du roi. — Que devint la justice royale? Supérieure à toutes les justices. — 119. Comment appelait-on les officiers établis par les rois dans les provinces? les prévôts, le bailli. — 120. Qui est-ce qui établit les impôts? Philippe le Bel. — 121. Etait-ce un droit reconnu aux rois de prélever des impôts? Non, il fallait l'autorisation d'assemblées. — De qui demandaient-ils l'autorisation? De leurs vassaux, seigneurs et prélats. — De quoi se composaient les Etats généraux? Des nobles, du clergé, des députés du peuple.

LECTURE — ÉCRITURE

MABILLEAU, Cours de mor., ch. II, p. 70, *Devoirs envers les autres.* — Mme COLOMB, Récits et historiettes, p. 5, *La trouvaille de Jeannette.*

Les Capétiens directs ont recomposé la France.

CHANT

DELCASSO, 3ᵉ Recueil de morceaux de chant, p. 63, n° 60, *Chant des tonneliers.*

DESSIN

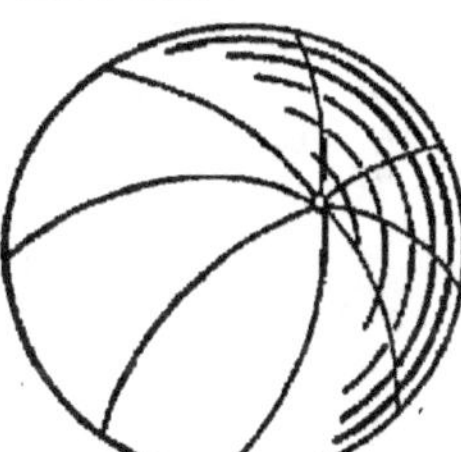

La sphère. — LEÇON. Cette fois le corps que nous considérons n'a plus de surface plane, sa surface est complètement *courbe*; il roule dans tous les sens; sa forme est bien régulière : c'est une *boule*, on dit aussi une **sphère**. Vous connaissez bien des objets qui ont la forme des sphères; vos balles, vos billes, vos ballons, la *terre*. De plus, la forme générale de certains corps se rapproche beaucoup de celle de la sphère, par exemple, celle de beaucoup de fruits : oranges, pommes, cerises, prunes, grains de raisins. Comme application de ce qui précède, nous pourrons aussi dessiner un *bilboquet*, une *quille*.

QUATRIÈME SEMAINE — LUNDI

MORALE

Instruction civique : la justice ; les lois. — Je vous ai répété à plusieurs reprises que si on se rendait coupable de crimes ou de fautes graves envers les autres hommes on tombait sous le coup des lois. Qu'est-ce donc que les lois ? Ce sont des décisions prises par les représentants d'un pays, les pouvoirs publics. Ces lois sont réunies dans un livre qu'on appelle le **Code**. Ces lois ont prévu les crimes et les fautes ou délits. Elles ont indiqué les peines qui doivent être infligées aux coupables. Ainsi, le meurtre est puni de la peine capitale. Celui qui a tué est lui-même mis à mort.

Suivant certaines circonstances, la peine de mort est remplacée par celle des **travaux forcés** à *perpétuité* ou à *temps*. Les crimes, les délits sont, selon leur gravité, punis de la **détention** rigoureuse ou de la prison simple.

Résumé. — Les crimes et délits tombent sous l'action des lois. Les lois sont réunies dans le Code. Le meurtre et les crimes graves sont punis de peines rigoureuses.

ARITHMÉTIQUE

Système métrique : le franc. — Leçon complémentaire. On se sert beaucoup des pièces de 1 décime ou 10 centimes. On a aussi fabriqué des pièces de 5 centimes, le sou ordinaire, et on ne peut pas arriver à empêcher de compter par *sous*, quoique ce mot ne soit pas le terme convenable. Mais il est ancien, il est court et on y tient. Toutefois, dans les comptes employez le terme de *centimes*, qui est le seul légal.

On a aussi fabriqué, en argent, des pièces de 50 centimes, même de 20 centimes ; seulement ces dernières, trop petites, sont peu employées. Il faut donc s'habituer à compter avec ces pièces de 5, de 10, de 20, de 50 centimes.

Combien de centimes dans 10 décimes ? 100.
Combien de pièces de 5 centimes ? 20.
Combien de pièces de 20 centimes ? 5.
Combien de pièces de 50 centimes ? 2.
Si l'on vous donne à compter 4 pièces de 2 francs, 5 pièces de 1 franc, 10 décimes, 20 pièces de 5 centimes, et 15 pièces de 50 centimes, quelle somme aurez-vous ? 22 fr. 50.

Problèmes. — Au marché, on a acheté 6 bœufs pour 2 292 francs. A combien revient un bœuf ? R. 382 fr. .
On y a vendu 5 chevaux 2125 francs ; que valait un cheval ? R. 425 fr.
Un employé a gagné 210 francs dans un mois de 30 jours. Combien gagne-t-il par jour ? R. 7 fr.

On me doit 480 francs qu'on me rendra à raison de 20 francs par mois ; combien de temps cela durera-t-il ? R. 24 mois ou 2 ans.
Une personne achète à crédit un piano de 720 francs, qu'elle paye à raison de 30 francs par mois ; au bout de combien de mois sera-t-elle libérée ? 24 mois.

GRAMMAIRE

Le participe (p. 85, n⁰ˢ 172, 173). — Leçon. *Le petit mousse, saisissant les cordages, monta au mât.* — *Saisissant* exprime une action : c'est une forme du verbe *saisir*. Mais il se rapporte à un nom comme un adjectif.
Les matelots, riant, le regardaient. — Quand le participe a la forme ant, il est dit **participe présent**.
Le soleil avait rendu les cordes brûlantes. — Le mot *brûlantes* n'exprime pas ici une action, mais un *état*, une *qualité*. Le participe présent *brûlant* est devenu un véritable adjectif et s'appelle alors **adjectif verbal**.

Résumé. — Le participe est un mot qui tient du verbe et de l'adjectif. Le participe présent ne varie pas. L'adjectif verbal s'accorde avec le nom auquel il se rapporte.

Exercices. — *Faire varier ou non les mots soulignés.* — Il a les mains (*brûlantes*). — Les ennemis passèrent (*brûlant*) les villages. — Cet enfant a peut-être la fièvre : il a les yeux (*larmoyants*). — On a reçu des nouvelles (*alarmantes*). — Ils allaient (*alarmant*) le pays. — Ces garçons s'en allaient en (*se réjouissant*). — Voilà une comédie (*réjouissante*).

HISTOIRE

Revision. — QUESTIONNAIRE (p. 55, n° 15 *suite*). — 122. Quels étaient les rangs parmi les nobles? Les ducs, marquis, comtes, vicomtes, barons. — 123. D'où viennent les noms de famille? Les nobles ajoutaient à leur nom de baptême celui de leur château ou de leur seigneurie; les roturiers reçurent celui de leur métier ou d'une de leurs qualités. — 124. Qu'entendez-vous par armoiries? Des signes pour distinguer les familles nobles : on les brodait sur les vêtements, les meubles. — 125. En quoi étaient les armures? Tout en fer. — 126. Quel était le costume des nobles? En dehors de la guerre, les seigneurs portaient une *cotte*, un *surcot*, un *manteau* garni d'hermine.

Aperçu sur la suite de l'histoire de France; la guerre de Cent Ans. — LEÇON. Lorsque la famille des Valois fut appelée à régner après la mort du dernier fils de Philippe le Bel, Édouard III d'Angleterre prétendit à la couronne. Il s'engagea alors une guerre terrible qui dura **cent ans.** Les Anglais gagnèrent deux grandes victoires, celles de **Crécy** (1346) et de Poitiers (1356). Les Français ne purent prendre leur revanche que sous le petit-fils de Philippe VI de Valois, Charles V. Le pays fut délivré grâce à la bravoure d'un habile capitaine, **Du Guesclin.**

LEÇON DE CHOSES

Plantes sans fleurs. — LEÇON. Nous avons dit, en commençant l'étude des végétaux, qu'il y a des plantes qui n'ont jamais de fleurs. Elles sont beaucoup moins importantes que les autres.

Il y en a qui ont feuilles, tiges et racines, comme les *fougères* qu'on rencontre dans les bois et qui étalent leurs longues feuilles vertes si régulièrement découpées.

D'autres ont des feuilles, mais n'ont pas de racines, comme les *mousses*. Enfin chez les *champignons* on ne distingue ni feuilles ni racines; les végétations qu'on voit sur les rochers, les vieilles pierres, les troncs d'arbre sont des *lichens* : ces longs filaments si nombreux dans la mer et même dans les eaux douces sont des *algues*; le *varech*, qu'on retire de l'eau de mer sur les côtes, est une algue; dans les lichens et dans les algues on ne distingue pas nettement non plus des tiges et des feuilles. Quant aux champignons, il y en a un très grand nombre d'espèces, et beaucoup sont vénéneux. Parmi ceux qui sont bons à manger, il faut citer : le *champignon de couche*, qu'on fait pousser sur du fumier dans des souterrains appelés champignonnières; la *morille*, la *truffe*, qui n'est autre chose qu'un champignon souterrain, et qu'on fait chercher par des chiens dressés à cet usage, car les porcs, qui savent bien aussi les déterrer, en sont très friands.

LECTURE —

DECORDAY, Hist. et civil., p. 57 et 58, 40° et 41° lectures, *Enfance de Du Guesclin*; — *Exploits de Du Guesclin*.

ÉCRITURE

La justice se fait respecter si on ne la respecte pas.

TRAVAIL MANUEL

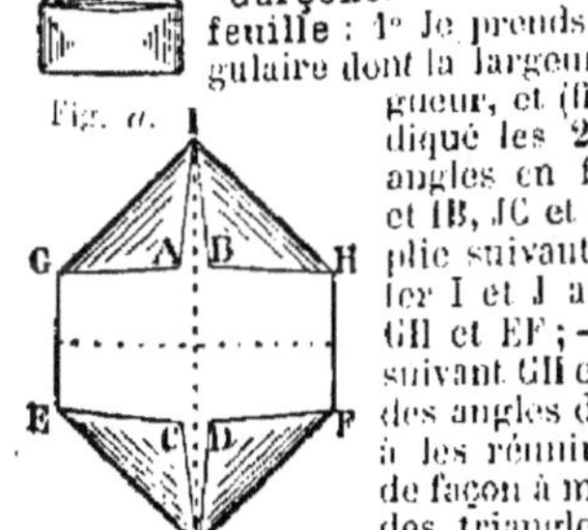

Garçons. — PLIAGE. — Petit portefeuille : 1° Je prends une feuille rectangulaire dont la largeur est les $\frac{2}{3}$ de la longueur, et (fig. *b*) après avoir indiqué les 2 axes, je rabats les angles en faisant coïncider IA et IB, JC et JD; — 2° (fig. *c*). Je plie suivant MN et KL pour porter I et J au milieu des lignes GH et EF; — 3° (fig. *d*). Je plie suivant GH et EF; les 2 bords MN et KL coïncidant avec un des angles du rectangle, je rabats (fig. *e*) GE et HF de façon à les réunir par derrière; 4° (fig. *f*). Je plie suivant KL de façon à mettre les poches à l'extérieur, puis, sortant l'un des triangles intérieurs, j'obtiens le portefeuille (fig. *a*).

Filles. — COUTURE. — **Emploi de l'étoffe.** Réunir deux morceaux d'étoffe de même surface par un surjet tout autour.

QUATRIÈME SEMAINE — MARDI

MORALE

Instruction civique : la justice ; les tribunaux. — LEÇON. Un crime a été commis. Le meurtrier a été découvert, reconnu. On l'arrête et on le traduit devant un tribunal qu'on appelle la **Cour d'assises.** Les témoins sont entendus. L'accusé est défendu par un **avocat** qui plaide en sa faveur et qui essaye d'atténuer l'horreur qu'inspire le criminel. C'est là une disposition que nos mœurs plus douces ont fait prévaloir. La question de savoir si l'accusé est coupable est résolue par des citoyens ordinaires, au nombre de douze, les **jurés,** qui forment le **jury.** C'est là une grande garantie. Les **juges** ensuite prononcent la peine.

RÉSUMÉ. — Les crimes sont jugés à la *Cour d'assises* par un *jury* de douze citoyens.

ARITHMÉTIQUE

La division ; calcul mental. — LEÇON (pour les élèves de deuxième année). *Division des dizaines* :

1° $15 : 3 = 5$. C'est une simple application de la table de multiplication. Le *tiers* de 15 est 5, parce que 5 fois 3 font 15.

2° $29 : 7 = 4$, reste 1. Comme 7 fois 4 font 28, et que 28 est le nombre de la table qui s'approche le plus de 29, 4 est le quotient, mais il y a un reste.

3° $60 : 3$. Le *tiers* de 6 dizaines est 2 dizaines, donc le *tiers* de 60 est 20. $60 : 3 = 20$.

4° $72 : 3$. On décompose le nombre en deux autres qu'on peut aisément diviser par 3. Ainsi $72 = 60 + 12$. Le *tiers* de 60 est 20 ; le *tiers* de 12 est 4. Donc le *tiers* de 72 est 24 $(20 + 4)$.

5° 70 francs $: 5$. On dit : $7 : 5 = 1$ (dizaine), reste 2 (dizaines) ou 20. $20 : 5 = 4$, donc $70 : 5 = 14$. On décompose le nombre de manière à faire facilement la division.

EXERCICES. CALCUL MENTAL (CORRIGÉ, p. 63, n° 56). — **1.** *Unités.*

A.	B.	C.	D.	E.	F.
8 mèt. $:4=2$	25 lit. $:5=5$	58 lit. $:8=7$	$24:4=6$	$18:3=6$	$24:6=4$
12 $:4=3$	24 $:4=6$	66 $:9=7$	$42:7=6$	$56:8=7$	$56:7=8$
15 $:3=5$	28 $:7=4$	68 $:8=8$	$45:5=9$	$63:9=7$	$63:7=9$
16 $:8=2$	24 $:6=4$	74 $:9=8$	$54:6=9$	$49:7=7$	$42:6=7$
27 $:3=9$	42 $:7=6$	82 $:9=9$	$72:8=9$	$56:0=4$	$81:9=9$

G. Quel est le *tiers* de 9, 3 ; 12, 4 ; 15, 5 ; 24, 8 ; 30, 10 ; 36, 12 ; 42, 14 ; 48, 16 ; 54, 18 ; 60, 20 ; 66, 22 ; 72, 24 ; 78, 26 ; 84, 28 ; 90, 30 ; 96, 32 ; 102, 34 ; 108, 36 ; 114, 38 ; 120, 40 ; 126, 42 ; 132, 44 ; 138, 46 ; 144, 48 ; 150, 50.

H. Quel est le *quart* de 8, 2 ; 16, 4 ; 24, 6 ; 32, 8 ; 40, 10 ; 48, 12 ; 56, 14 ; 64, 16 ; 72, 18 ; 80, 20 ; 88, 22 ; 96, 24 ; 104, 26 ; 112, 28 ; 120, 30 ; 152, 33 ; 136, 34 ; 144, 36 ; 152, 38 ; 160, 40 ; 168, 42 ; 176, 44.

I. Quel est le *cinquième* de 5, 1 ; de 20, 4 ; de 50, 10 ; de 25, 5 ; de 40, 8 ; de 60, 12 ; de 70, 14 ; de 75, 15 ; de 100, 20 ; de 80, 16 ; de 125, 25 ; de 200, 40 ; de 500, 100 ; de 625, 125 ; de 1000, 200 ; de 150, 30 ; de 250, 50 ; de 2500, 500.

J. Quel est le *sixième* de 18, 3 ; de 36, 6 ; de 72, 12 ; de 60, 10 ; de 120, 20.

Quel est le *septième* de 28, 4 ; de 49, 7 ; de 84, 12 ; de 77, 11 ; de 140, 20.

Quel est le *huitième* de 32, 4 ; de 200, 25 ; de 64, 8 ; de 120, 15 ; de 160, 20.

Quel est le *neuvième* de 81, 9 ; de 90, 10 ; de 180, 20 ; de 360, 40 ; de 720, 80.

GRAMMAIRE

174 (p. 85). **Le participe passé.**

1ᵉʳ CAS. — *Les matelots,* charmés, *encourageaient le petit mousse.* — *Charmés* vient du verbe *charmer* : il est au **participe passé.** Mais il est seul, sans auxiliaire : il est adjectif. Il s'accorde avec *matelots.* Employé seul, *le participe passé* **s'accorde avec le nom.**

2° CAS. — *Les matelots* **étaient charmés.** *Employé* avec le verbe être, *le participe passé* **s'accorde avec le sujet.**

3° CAS. — *Les efforts du petit mousse* **avaient charmé** *les matelots.* — *Charmé* est employé avec le verbe **avoir :** il ne s'accorde pas avec le sujet. Il ne s'accorde pas non plus avec le complément direct *les matelots,* qui est placé **après lui.**

4° CAS. — *Les matelots, que le courage du petit mousse* **avait charmés,** *applaudirent.* — *Avait charmé qui ?* les matelots, représentés par le pronom relatif *que.* Le complément direct est placé **avant** le participe *charmé.* Le participe s'accorde avec lui. *Conjugué avec* **avoir,** *le participe passé* **s'accorde avec le** complément direct quand ce complément est placé **avant lui.**

EXERCICES (p. 85). — MARINE. — *Former* le participe présent, *puis* le participe passé.

397. embarquer, embarquant, embarqué | démâter, démâtant, démâté | amarrer, amarrant, amarré
débarquer, débarquant, débarqué. | mâter, mâtant, mâté | ancrer, ancrant, ancré.
398. piloter, pilotant, piloté | pavoiser, pavoisant, pavoisé | goudronner, goudronnant,
gouverner, gouvernant, gouverné | réparer, réparant, réparé | goudronné.
signaler, signalant, signalé | radouber, radoubant, radoubé | calfater, calfatant, calfaté.

EXERCICES (p. 86, nᵒˢ 399, 400). — *Former le participe passé et l'employer avec un nom au singulier et au pluriel.*

Un navire armé, des navires armés. — Un bateau équipé, des bateaux équipés. — Un vaisseau chargé, des vaisseaux chargés. — La flotte est canonnée, les flottes sont canonnées. — La ville est investie, les villes sont investies. — La muraille ruinée, les murailles ruinées. — La muraille sapée, les murailles sapées. — La forteresse assiégée, les forteresses assiégées. — La place bloquée, les places bloquées. — La contrée envahie, les contrées envahies. — Une armée alignée, des armées alignées. — Une arme reformée, des armes reformées.

Une troupe ralliée, des troupes ralliées. — Une armée harcelée, des armées harcelées. — Un matelot blessé, des matelots blessés. — Une plaie soignée, des plaies soignées. — Une ville trahie, des villes trahies. — Une nation vaincue, des nations vaincues. — Une terre ravagée, des terres ravagées. — Une troupe dispersée, des troupes dispersées. — Une marche commandée, des marches commandées. — Une halte ordonnée, des haltes ordonnées. — Une compagnie exercée, des compagnies exercées. — Un homme tué, des hommes tués.

27ᵉ Rédaction (d'après l'image), p. 85. — *Racontez à votre manière la scène que vous voyez représentée sur l'image* (CORRIGÉ, p. 45).

GÉOGRAPHIE

France ; principales villes. — La France compte **38 millions d'habitants.** Il y a des villes tout à fait remarquables. **Paris,** la capitale, a **3 millions** d'habitants, et par ses monuments, son activité, l'éclat de ses magasins, la beauté de ses rues, de ses boulevards, de ses promenades, elle attire les étrangers de tous les pays du monde. **Lyon,** sur le *Rhône* (400 000 habitants), est renommé également par ses constructions et surtout par son industrie des *soieries.* **Marseille,** sur la Méditerranée, active, gaie, élégante, concentre le commerce de la Méditerranée. Il faut encore citer les villes remarquables de **Bordeaux, Toulouse, Nimes, Nice.**

Dans l'est, on vante **Dijon, Nancy.** Au centre, la ville de **Saint-Étienne** est remplie d'usines. **Limoges** est célèbre par ses fabriques de porcelaine. **Clermont-Ferrand** est admirablement située.

Dans l'ouest, il faut nommer : **Nantes** (plus de 100 000 habitants). **Saint-Nazaire, Brest, Rennes, Angers, le Mans, Cherbourg, le Havre.** En allant vers le nord, on remarque l'industrieuse ville d'**Amiens,** le port de **Boulogne, Rouen,** la grande cité de **Lille.**

RÉSUMÉ. — Les grandes villes de France sont, avec la capitale **Paris,** *Lyon, Marseille, Bordeaux, Toulouse, Nancy, Dijon, Limoges, le Havre, Nantes, Rouen.*

LECTURE — ÉCRITURE

J. SIMON, Le livre du petit citoyen, p. 158, la Cour d'assises.

Paris est la plus agréable des capitales de l'Europe.

DESSIN

Concavité ; convexité. — LEÇON. Certains objets sont *creux* : la surface intérieure est dite **concave** ; si l'on regarde la surface *extérieure*, on voit l'objet en relief, en *bosse* : la surface est **convexe.** Avec votre main, en rapprochant votre pouce de vos quatre doigts, vous verrez alternativement une surface concave en dedans, et une surface convexe en dessus.

Représenter un *chaudron* (en creux), un *chapeau rond* (en saillie), une *boîte.*

QUATRIÈME SEMAINE — MERCREDI

MORALE

Instruction civique : les tribunaux. — Leçon. Quand il s'agit de condamner un coupable à la peine capitale, aux travaux forcés, à une détention rigoureuse, on traduit l'accusé devant le jury ; mais pour les fautes moins graves, les juges ordinaires seuls prononcent les peines prévues par les lois. Ils composent alors le **tribunal correctionnel.** Les simples vols, coups, les rixes, les fraudes, les délits de vagabondage sont déférés au tribunal correctionnel, qui ne peut infliger une peine supérieure à cinq ans de prison.

Rédaction. — Les fautes non qualifiées *crimes* sont jugées au tribunal correctionnel.

ARITHMÉTIQUE

La division ; procédés de calcul mental. — Leçon. Le maître n'insiste pas sur la division mentale des centaines.

1° 600 : 3. Comme en divisant 6 centaines par 3, on trouve 2 centaines ou 200, on a 600 : 3 = 200.

2° 690 : 3. En divisant 6 centaines, puis 9 dizaines par 3, on trouve 2 centaines et 3 dizaines, soit 230 unités. Donc 690 : 3 = 230.

3° 693 : 3. Chaque partie du nombre est divisible par 3 ; en divisant 6 centaines, 9 dizaines, 3 unités par 3, on trouve 2 centaines, 3 dizaines, 1 unité, soit 231. 693 : 3 = 231.

4° 246 : 3. On décompose le dividende en plusieurs nombres faciles à diviser. On dit :

Le tiers de 240 est **80**
Le tiers de   6 est   2   246 : 3 = **82**.

Exercices. Calcul mental. Corrigé (p. 63, n° 56). — **2.** *Dizaines et centaines exactes.*

K.		L.		M.		N.		O.	
60 : 3 = 20		80 : 4 = 20		100 : 20 = 5		540 : 9 = 60		660 : 20 = 33	
90 : 3 = 30		150 : 3 = 50		400 : 80 = 5		320 : 4 = 80		720 : 30 = 24	
100 : 5 = 20		360 : 6 = 60		600 : 300 = 2		400 : 20 = 20		960 : 80 = 12	
P. 60 : 20 = 3		Q. 30 : 30 = 1		R. 80 : 40 = 2		S. 600 : 20 = 30		T. 600 : 200 = 3	
200 : 20 = 10		90 : 30 = 3		160 : 40 = 4		1200 : 20 = 60		800 : 200 = 4	
100 : 20 = 5		150 : 30 = 5		240 : 40 = 6		1800 : 20 = 90		1800 : 200 = 9	
140 : 20 = 7		210 : 30 = 7		320 : 40 = 8		1400 : 20 = 70		1600 : 200 = 8	
180 : 20 = 9		270 : 30 = 9		490 : 70 = 7		5600 : 80 = 70		4500 : 500 = 9	

GRAMMAIRE

L'adverbe (p. 88, n° 176). — *Pierre, venez* **doucement.** — *Pierre, venez ici.* — *Pierre, venez demain.* Je dis à Pierre la *manière* dont il doit venir. — Je dis à Pierre *où* il doit venir. — Je dis *quand* il doit venir.

Doucement, ici, demain sont trois mots qui ajoutent au verbe une idée nouvelle. Ce sont des mots mis à côté du verbe, ou des **ad-verbes.**

Vous êtes **vraiment** *bon.* — L'adverbe peut même se rapporter à un *adjectif.*

Il est *invariable.*

Résumé. — L'adverbe, joint au verbe, indique comment, où, quand se fait l'action.

Exercices. — *Employer ces adverbes avec un verbe.* — Modèle : *Venez ici.*

ADVERBES DE LIEU		ADVERBES DE TEMPS			ADVERBES DE QUANTITÉ		
407. ici là où ?	en ailleurs partout	**408.** jamais toujours hier demain	aujourd'hui longtemps souvent bientôt	tantôt maintenant quelquefois	**409.** assez beaucoup peu autant	plus au plus moins au moins	trop tant très fort

Venez *ici*. — Allez *là*. — *Où* allez-vous ? — J'en viens. — J'irai *ailleurs*. — Je cherche *partout*. Ne mentez *jamais*. — Soyez *toujours* loyal. — J'ai été grondé *hier*, *aujourd'hui* j'étudierai et *demain* je saurai ma leçon. Je l'ai attendu *longtemps*. — Je l'ai vu *souvent*. — Venez *bientôt*. — Je vous accompagnerai *tantôt*. — Je ne le puis *maintenant*. — On se trompe *quelquefois*.

On parle *toujours assez*. — On parle souvent *beaucoup*. — Buvez *peu*. — Je ne saurais boire *autant*. — Plus vous serez docile, *plus* vous profiterez. — C'est tout *au plus* s'il écoute. — Soyez *moins* fier. — Donnez *au moins* ce que vous pouvez. — *Trop* manger est nuisible. — Ne mangez pas *tant*. — Il est *très* susceptible. — Il est *fort* doux.

INTERROGATION		NÉGATION		AFFIRMATION		ADVERBES DE MANIÈRE	
410. pourquoi ? comment ? combien ?		**411.** non nullement ne	ne pas point	**412.** oui certes vraiment	volontiers bien très bien	**413.** bien mal très bien	très mal vite

ADVERBES EN **ment.**

414. sagement	doucement	**415.** hautement	étroitement	**416.** durement	sévèrement
bonnement	lentement	bassement	grandement	chaudement	froidement
follement	rapidement	largement	petitement	méchamment	mollement

Mettre les adverbes convenables.

417. Que faites-vous *ici?* — *Où* allez-vous? — *Où* avez-vous lu cette fable? — Cherchez cela *ailleurs.* — Ne faites *jamais* le mal. — Faites *toujours* le bien. — Soyez sage, *hier* et encore *aujourd'hui,* soyez-le *demain.* — Faites *souvent* l'aumône.

418. Parlez *peu,* écoutez-le. — Suivez *toujours* votre chemin. — Ne vous amusez pas *longtemps.* — *Hier* avez-vous manqué la classe? — Vous ne réussirez point, parce que vous travaillez *peu.* — L'homme de bien est *toujours* loué.

419. Il est *toujours* récompensé par l'estime publique. — Ne traitez *jamais* durement les animaux. La plante qui croît *vite* est presque toujours plus robuste que celle qui grandit *lentement.*

420. *Composer de petites phrases avec des* adverbes *sur le modèle des exercices.*

C'est agir *sagement* que d'écouter avant de parler. Faites *bonnement* votre devoir. — Ne vous abandonnez pas *follement* aux passions. — Marchez *doucement* dans la chambre d'un malade. — La justice vient *lentement* mais *sûrement.* — La ruine vient *rapidement* pour le joueur. — Déclarez *hautement* votre opinion. — Ne calomniez point *bassement.* — Donnez *largement.* — Surveillez-vous *étroitement.* — Ne faites pas le bien *petitement.* — Ne parlez pas *durement* à vos camarades. — Cet enfant est *chaudement* félicité. — Ce propos a été tenu *méchamment.* — Observez-vous *sévèrement.* — Le paresseux est accueilli *froidement.* — Celui qui vit *mollement* n'arrive à rien.

HISTOIRE

Revision. — (QUESTIONNAIRE (p. 35, n° 15, *suite*). — **127.** Comment vous figurez-vous un château fort? C'était une demeure entourée d'une ceinture de murailles et de tours. — **128.** Quels plaisirs recherchaient les guerriers du moyen âge? Des jeux qui étaient des images des batailles, les tournois. — **129.** A quelle église surtout donna-t-on une grande élévation? A l'église cathédrale. — **130.** Quelle classe formaient les non-nobles? La classe des vilains ou roturiers. — **131.** Quand furent affranchis les serfs du domaine royal? En 1316, par Louis le Hutin.

Aperçu sur la suite de l'histoire de France. — LEÇON. Après la mort de Charles V et de Du Guesclin, les malheurs recommencèrent. Sous le règne de Charles VI, prince qui devint fou, une guerre civile affreuse éclata entre les maisons princières d'Orléans et de Bourgogne : on l'appela la guerre des *Armagnacs* et des *Bourguignons.* Les Anglais en profitèrent pour envahir et conquérir de nouveau la France. La France semblait perdue quand une jeune fille, **Jeanne d'Arc,** parut, ranima les courages, marcha à la tête des armées et délivra la France. Mais elle tomba aux mains des Anglais, qui la brûlèrent.

LEÇON DE CHOSES

Revision des végétaux. — LEÇON DE RÉSUMÉ. Les végétaux sont des êtres vivants qui sont dépourvus de sensibilité et qui ne font pas de mouvements volontaires. On les divise en plantes à fleurs et plantes sans fleurs. Les plantes à fleurs se reproduisent au moyen de graines.

La racine sert à fixer la plante et à la nourrir. Parmi les tiges on distingue les tiges herbacées et les tiges ligneuses.

Dans les fleurs on distingue : le calice, formé de sépales; la corolle, formée de pétales; les étamines, qui contiennent le pollen; le pistil, dont la base est l'ovaire. L'ovaire développé devient le fruit ; les ovules que contenait l'ovaire deviennent les graines.

Parmi les plantes sans fleurs, on distingue les fougères, les mousses, les champignons.

LECTURE — ÉCRITURE

J. SIMON, Le Livre du petit citoyen, p. 121, *Le juge.* — DUCOUDRAY, Histoire et civilisation, p. 59, n° 42, *Jeanne d'Arc.*

Les fruits ne répondent pas toujours aux fleurs.

CHANT

DELCASSO, 2ᵉ Recueil de chants pour les écoles, p. 124, *La petite Française.*

MORALE

Instruction civique : les tribunaux. — Leçon. Si les citoyens ont des contestations entre eux, si l'un se plaint que l'autre lui ait fait du tort, dans une succession, dans une question de propriété, de bonne foi, etc., ces causes sont déférées aux juges du **tribunal civil**. Le tribunal civil peut aussi infliger des peines graves, des amendes, de la prison. Enfin, si l'objet du litige est peu considérable, on ne va pas jusqu'au tribunal civil, on se rend devant le **juge de paix**; et il y a un juge de paix par canton.

Résumé. — Les procès entre citoyens sont jugés par les *juges de paix* ou les *tribunaux civils*.

ARITHMÉTIQUE

Division; procédés de calcul mental. — Leçon. Soit à faire une division par un nombre exact de dizaines.

1° *Division par 10, 100, 1000.* — Pour diviser par 10, 100, 1000, on supprime 1, 2, 3 zéros à la droite du dividende :

$5000 : 10 = 500,$ $\quad 5000 : 100 = 50,$ $\quad 5000 : 1000 = 5.$

2° $150 : 30$. Cela revient à diviser 15 par 3. $150 : 30 = 15 : 3 = 5.$

3° $1500 : 300$. Cela revient encore à diviser 15 par 3. $1500 : 300 = 15 : 3 = 5.$

Exercices :

$540 : 10 = 54$	$270 : 30 = 9$	$320 : 80 = 4$	$4500 : 1000 = 45$
$700 : 10 = 70$	$720 : 60 = 12$	$6400 : 800 = 8$	$4800 : 400 = 12$

Calcul mental. Corrigé (p. 63, n° 56). — **3.** *Dizaines et centaines avec unités.*

U. $224 : 4 = 56$	V. $378 : 9 = 42$	X. $936 : 3 = 312$	Y. $312 : 6 = 52$	Z. $488 : 8 = 61$
$168 : 8 = 21$	$714 : 7 = 102$	$625 : 5 = 125$	$364 : 4 = 91$	$531 : 3 = 177$
$126 : 6 = 21$	$248 : 4 = 62$	$352 : 4 = 88$	$432 : 3 = 144$	$624 : 2 = 312$
$152 : 4 = 38$	$255 : 5 = 51$	$327 : 3 = 109$	$445 : 5 = 89$	$644 : 4 = 161$
$148 : 2 = 74$	$265 : 5 = 53$	$348 : 4 = 87$	$460 : 5 = 92$	$786 : 3 = 262$
$270 : 3 = 93$	$288 : 4 = 72$	$306 : 3 = 122$	$480 : 4 = 120$	$896 : 4 = 224$

GRAMMAIRE

La préposition (p. 89, n°⁵ 177, 178). — *Le livre* de *Pierre*. — Le petit mot *de* indique que le livre est la propriété de Pierre. Il est devant le complément : *Pierre*. C'est un mot placé avant, ou une **préposition**. *La préposition est un petit mot qui se place avant les compléments. Elle est invariable.*

Il demeure **en face de** *moi*. — Les prépositions comprennent quelquefois plusieurs mots : ce sont des **locutions prépositives**.

Principales prépositions. — *Les employer avec des noms ou des verbes.* Modèle : *Le livre de Paul. Je vais à l'école.*

421. de, à, envers, pour, selon, avec | **422.** par, malgré, parmi, dès, après, hormis | **423.** avant, durant, hors, pendant, depuis, voici | **424.** dans, vers, voilà, sous, sur, outre, entre

425. en face de | à force de | autour de | loin de | **433.** faute de | au-devant de | vis-à-vis de

Mettre les prépositions convenables.

426. Le livre *de* Pierre. — Ce livre est *à* moi. — Le mur *de* pierre. — Ces paroles s'adressent *à* vous. — Cet air est profitable *à* ma santé. — J'arrive de Lyon et je vais à Paris. — Je viens *de* manger. — Il est *de* bonne famille.

427. Il s'est blessé *avec* son couteau. — On doit aborder son maître *avec* respect. — Il faut agir *selon* la loi. — Il n'a pas bien agi *selon* moi, il a fait cela *malgré* moi. — Voilà un enfant battu *par* son camarade. — Pierre est tombé *par* terre.

428. Il y a trois ans *depuis* la naissance de mon frère.

Le coq est juché *sur* le bâton. — Ma plume était cachée *sous* mes papiers. — Venez vite *avec* moi. — *Avec* Jacques, il y avait là Ernest. — Il n'y a pas grande différence *entre* les deux frères.

429. Si c'est un effet *de* votre bonté. — Il monte *à* cheval. — Je dis cela *pour* vous. — Il a fait cela *pour* me contrarier. — Vous êtes injuste *pour* moi. — Nous nous sommes promenés *avec* lui et *avec* elle.

430. Il court toujours *par* voies et *par* chemins. — Jacques est levé *dès* l'aube du jour et travaille *dès* le lever du soleil. — Il travaille encore *après* le coucher du soleil. — Le paresseux dort *durant* tout le jour.

431. *Parmi* les fleurs je préfère les roses. — André est classé *entre* les premiers de l'école. — Ils sont tous partis *avant* moi. — Sortez *hors* d'ici, les mauvais sujets. — *Voici* des enfants sages. — *Voilà* le plus sage.

QUATRIÈME SEMAINE — VENDREDI

Souligner les locutions prépositives.

432. Je demeurais *en face du* cordonnier. — *A force de* patience on réussit dans tout ce qu'on veut faire. — *Faute d'*application, cet écolier n'a pu avoir de prix. — *Faute de* soin, Julie a taché son tablier. — *Loin de se* repentir, ce garçon est incorrigible.

433. Ne tournez donc pas ainsi *autour de* moi. — *Voici* des écoliers modèles. — *Voilà* un enfant qui va au-devant de tous mes désirs.

Placez-vous *vis-à-vis* l'un de l'autre et ne bougez plus.

GÉOGRAPHIE

La France. — QUESTIONS. Quelles sont les mers qui baignent la France? La mer Méditerranée et l'Océan, lequel forme la Manche et la mer du Nord. — Quel aspect présentent les côtes de la Manche? Elles sont bordées de falaises blanchâtres qui arrêtent les flots. — Quels sont les grands ports sur la Méditerranée? Marseille et Toulon. — Sur la Manche? Calais, Boulogne, le Havre, Cherbourg. — Quelles chaînes de montagnes bordent la France? Les Pyrénées, les Alpes, le Jura, les Vosges. — Quel est le plus haut sommet des Alpes? Le Mont Blanc, qui a 4800 mètres. — Quelles chaînes de montagnes la France a-t-elle à l'intérieur? Le Massif central, appelé aussi les monts d'Auvergne. — Qu'est-ce que ces montagnes? D'anciens volcans. — Quels sont les principaux fleuves français? Le Rhône, la Garonne, la Loire, la Seine. — Dans quelle sorte de pays coule la Seine? Dans un pays ouvert, peu accidenté et où s'est fixé le centre de la vie française, Paris. — Où se jette la Loire? Dans l'Océan Atlantique. — Et la Seine? Dans la Manche. — Y a-t-il d'autres fleuves en France? Oui; l'Escaut qui va finir en Belgique, la Meuse qui va finir en Hollande. — Quel est le climat de la France? Un climat tempéré.

ÉTUDE DU DÉPARTEMENT. — Géographie politique des principales localités.

LEÇON DE CHOSES

Revision. — QUESTIONNAIRE. Qu'appelle-t-on végétaux? Des êtres vivants, mais qui ne sentent pas et ne se meuvent pas. — Comment les a-t-on classés? En plantes à fleurs et plantes sans fleurs. — Comment les plantes à fleurs se reproduisent-elles? Au moyen de graines. — A quoi servent les racines? A fixer les plantes, à les nourrir en absorbant les matières nourrissantes dans la terre. — A quoi servent les feuilles? A la respiration et à nourrir la plante sous l'influence de l'air et de la lumière. — Qu'est-ce qu'une tige ligneuse? Une tige qui vit plusieurs années. — Citez des plantes alimentaires par leurs racines. La carotte, le radis, le navet. — Par leurs feuilles? Le chou, le cresson, la chicorée. — Par leurs fleurs? L'artichaut. — Par leurs fruits? Le pommier, le cerisier, la vigne, etc. — Citez des céréales. Le blé, le seigle, l'orge, le maïs, l'avoine, le riz. — Citez des plantes textiles. Le lin, le chanvre, le coton. — Des plantes oléagineuses? Le pavot, le colza. — Des plantes médicinales? la rhubarbe, le ricin, le quinquina. — Des plantes vénéneuses? La ciguë, la belladone, l'aconit.

LECTURE — ÉCRITURE

GAUSAULT. Les Causeries d'un grand-père, 4ᵉ partie, p. 109, *La société*

Plaines et montagnes s'encadrent heureusement en France.

TRAVAIL MANUEL

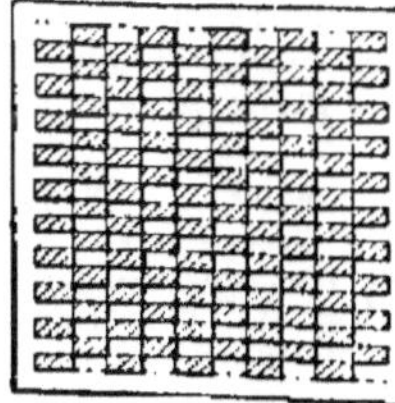

Fig. 10.

Garçons. — TISSAGE (fig. 10).
Le maître fera exécuter la figure 10 du tissage.
Chaîne verte de 1/2 centimètre, trame rose de 1 centimètre (hachures).
Il pourra faire combiner différentes autres couleurs complémentaires.

Une couleur qui lui est opposée dans la figure ci-jointe.
Filles. — COUTURE. — Emploi de l'étoffe. Réunir deux morceaux d'étoffe de même surface par un surjet tout autour.

MORALE

Revision. — Qu'entendez-vous par les lois? Les prescriptions faites par les pouvoirs publics. — Dans quoi se trouvent réunies ces lois? Dans le Code. — Qui est-ce qui applique ces peines? Ce sont les tribunaux. — Quel tribunal connait des crimes? La cour d'assises. — Qui est-ce qui juge à la cour d'assises? Des juges assistés d'un *jury*. — Qu'est-ce que le jury? Une réunion de douze citoyens. — Quelles causes jugent les tribunaux correctionnels? Les fautes qui ne sont pas qualifiées crimes. — Et où sont jugés les procès qui peuvent s'élever entre les citoyens? Devant les *tribunaux civils* et devant les *juges de paix*. — Où y a-t-il des juges de paix? Dans chaque canton.

ARITHMÉTIQUE

Problèmes. — J'ai parcouru 16 500 mètres en 3 heures de temps; combien ai-je fait de mètres par heure? R. 5500 m.

Un train rapide a été en 9 heures de Paris à Bordeaux; la distance qui sépare ces deux villes étant de 585 kilomètres, combien ce train fait-il de kilomètres à l'heure? R. 65 kil.

Un tas de 2 450 briques est disposé en rangées de 50 briques chacune; combien y a-t-il de rangées? R. 49 rangées.

Une compagnie de 152 soldats défile 8 par 8. Combien cela fait-il de rangs? R. 19 rangs.

Un bataillon sur pied de guerre comprend 1000 soldats en 4 compagnies; combien y a-t-il de soldats par compagnie? R. 250.

GRAMMAIRE

La conjonction; l'interjection (p. 90, n°ˢ 179-181). — LEÇON. *Le soldat* et *le marin servent à la défense du pays.* — **Et** unit deux *noms*, sujets.

Ce soldat est loyal et *brave.* — **Et** unit deux *adjectifs*, attributs.

Ce soldat court et *se précipite sur l'ennemi.* — **Et** unit deux *verbes*.

La conjonction est un mot qui rattache deux noms, ou deux adjectifs, ou deux verbes, ou deux membres de phrase. Elle est invariable.

Ou conjonction, où adverbe. — **Où** *vous irez, j'irai; et je veux avec vous vaincre* ou *mourir.* — *Où* (en quelque lieu) est un adverbe et prend un accent grave.

Ou conjonction n'en a point.

Ah! *mon fils est sauvé.* — **Ah!** est une exclamation de joie.

Il y a même des exclamations pour exprimer la douleur, la crainte, l'admiration, l'horreur, le mépris : ce sont des **interjections**.

L'interjection est un cri qui exprime la joie, la douleur, etc. Elle est invariable.

LEÇON DE RÉSUMÉ (à apprendre). — L'*adverbe* modifie la signification du verbe.

La *préposition* précède les compléments.

La *conjonction* réunit des mots ou des phrases semblables.

L'*interjection* exprime les sentiments.

QUESTIONNAIRE (p. 90, n° 12). — 1. Qu'est-ce que l'adverbe? Un mot qui modifie la signification du verbe. — 2. Citez des adverbes de lieu. *Où, là, ici.* — 3. Comment se terminent en général les adverbes de manière? En *ment.* — 4. Qu'entendez-vous par préposition? Une préposition est un petit mot qui précède le complément et marque les rapports des mots. — 5. Quelles sont les principales prépositions? *Par, pour, à, contre, de.* — 6. Qu'est-ce qu'une conjonction? Une conjonction est un mot qui réunit des mots semblables ou des membres de phrase. — 7. Citez les principales conjonctions. *Ou, si, ni, car, et.* — 8. Qu'appelez-vous interjection? L'interjection est une exclamation qui exprime les sentiments.

EXERCICES. — PRINCIPALES CONJONCTIONS. — *Les employer dans une petite phrase.* — Modèle : *Je suis content, car je sais mes leçons.*

| **434.** car | mais | or | si | **435.** que | plutôt | néanmoins | lorsque |
| comme | ni | ou | donc | quand | puisque | aussi | |

Je suis content, *car* je sais mes leçons. — Je ne suis pas sage *comme* mon voisin. — Je travaille, *mais* je ne travaille pas assez. — *Ni* mon frère *ni* moi ne fréquentons de mauvaise compagnie. — *Or*, au moment où je voulais bavarder, le maître me regarda. — Lisez *ou* écrivez. — *Si* vous lisez de bons livres, vous en profiterez. — Vous avez été trop dissipé, *donc* vous n'avez rien entendu.

Il ne faut pas *que* vous soyez si léger. —

Quand un élève est léger, il ne tarde pas à faire des fautes.—Avouez *plutôt* votre faute —*Puisque* vous vous repentez, on vous pardonne.—

LOCUTIONS CONJONCTIVES.

436. alors que | à moins que | tandis que | quoique | dès que | avant que | après que | parce que

Alors que le berger dormait, un mouton s'écarta. — La terre ne produit rien, *à moins qu'*on ne la cultive. — *Tandis que* Pierre joue, Paul étudie.

Quoique Pierre soit mieux doué, il réussit moins que Paul. — *Dès que* la cloche a sonné

Néanmoins il faudra faire votre pénitence. — Vous êtes fâché, je le suis *aussi*. — *Lorsqu'*on ne veut pas être puni, on fait son devoir.

l'heure de la classe, les langues doivent se taire. — *Avant que* le soleil soit levé, le bon laboureur s'éveille. — *Après que* le soleil s'est couché, notre maître travaille encore. — Soyez bon, *parce que* les hommes doivent s'entr'aider.

PRINCIPALES INTERJECTIONS.

437. ah! | hé! | eh! | aïe! | hélas! |

Ah! vous me faites mal. — *Hé!* venez donc ici. — *Eh!* je n'en puis plus. — *Aïe!* je souffre. — *Hélas!* mon mal augmente.

Holà! voulez-vous cesser ce bruit. — *Ha!*

438. holà! | ha! | ho! | fi! | sus!

c'est extraordinaire. — *Ho!* monsieur, ce que vous dites est vilain. — *Fi!* moi, m'abaisser à des vilenies. — *Sus* aux malfaiteurs!

439. courage! | peste! | silence! | miséricorde! | paix! | allons! | soit! | suffit

Courage, mon ami, achevez votre tâche. — *Peste!* vous êtes bien difficile. — *Silence!* vous avez tort. — *Miséricorde!* il va lui arri-

ver malheur. — *Paix!* ne vous querellez pas! — *Allons!* embrassez-vous. — Il vous a contrarié, *soit!* — Il s'est excusé, *suffit!*

HISTOIRE

Revision. QUESTIONNAIRE (p. 55, n° 15, *suite*). — 132. Quels progrès remarquait-on dans les campagnes? La population était plus libre, moins malheureuse, la culture s'améliorait.—133. Qui est-ce qui avait favorisé le développement de l'industrie? Les croisades. — 134. Comment devenait-on patron? — Après un apprentissage, l'exécution d'un

chef-d'œuvre, l'achat d'une maîtrise. — 135. Comment étaient organisés les ouvriers? En corporations. — 136. Comment vous figurez-vous une ville au moyen âge? — Avec des rues étroites et sombres. — 137-138. Quelles écoles étaient célèbres? Quels écrivains français y eut-il à cette époque? Les écoles de Paris. Villehardouin, Joinville.

LECTURE — ÉCRITURE

Mme COLOMB, Récits et historiettes, p. 25, *La victime de Ravageot.*

Hélas! les tribunaux sont toujours trop occupés.

DESSIN

Revision. — LEÇON DE RÉSUMÉ. Le *volume* d'un corps est la place qu'il occupe. Un corps a trois dimensions : *longueur, largeur, hauteur* ou *épaisseur.* La *surface* d'un corps est *plane* ou *courbe.* — Un *cube* a six faces, qui sont des *carrés.* Une *pyramide* et un *cône* sont des corps qui se terminent en pointe, mais la pyramide a des *faces triangulaires,* et le cône a pour base un *cercle.*

— Un *cylindre* a une surface courbe, mais ses deux bases sont des cercles. Une *sphère* a une surface courbe très régulière

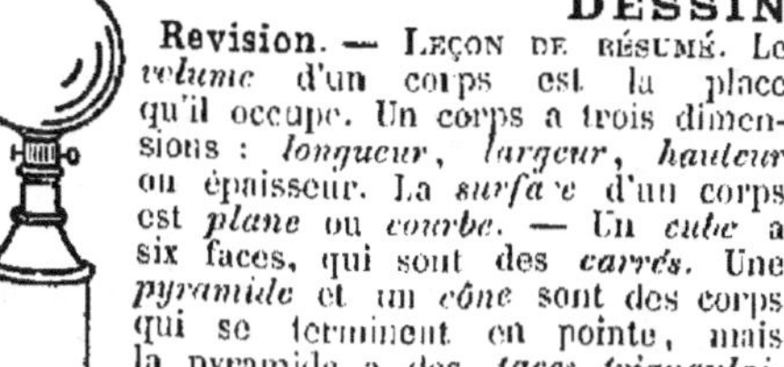

DEVOIRS MENSUELS

ÉCRITURE

Phrases à écrire :
La France jouit d'un climat tempéré. — La France est un pays fertile. — Les Français sont un peuple brave.

EXERCICES DE LANGUE FRANÇAISE

Dictée. — ON N'EST JAMAIS CONTENT DE CE QU'ON A. — *Souligner les verbes.*

Un enfant *pleurait* à chaudes larmes. Un monsieur qui *passait*, *s'approcha* et lui *demanda* ce qui *l'affligeait* ainsi : « Oh! monsieur, ma mère m'*avait donné* un sou et je l'*ai perdu.* — Ne te *désole* pas, *dit* le bon monsieur, voilà un sou. » Le petit garçon *prit* le sou, le *considéra* et *se mit* à *pleurer* encore plus fort. « Qu'as-tu donc encore? *dit* l'homme généreux, n'es-tu pas content d'*avoir retrouvé* ton sou? — Oh! *répondit* l'enfant, si je n'*avais* pas *perdu* l'autre, j'en *aurais* deux maintenant. — Ce n'*est* pas vrai, mon ami, je ne t'*aurais* pas *vu pleurer* et je n'*aurais* pas *eu* l'occasion de te *consoler*. Tu *as* bien tort de ne pas te *contenter* de ce que tu *as* et de *désirer* davantage. »

A. DUPLESSIS.

EXPLICATIONS. — Que veut dire l'expression *pleurer à chaudes larmes*? Quand on pleure très fort, les larmes, en coulant le long du visage, sont chaudes. — Est-ce la même chose de dire : un *monsieur* ou bien un *homme*? Le mot *monsieur* ici est plus poli. — Est-ce que le mot *sou* fait partie du système métrique? Non, il désigne vulgairement la pièce de 5 centimes. — Quelle est la morale de cette histoire? C'est que plus on a et plus on désire avoir; c'est un tort.

DEVOIR ÉCRIT. — *Copier la dictée en soulignant les verbes.*

Relever les pronoms personnels et les disposer sur trois colonnes d'après la personne.

1re pers.	2e pers.	3e pers.
m' (avait donné)	te (désole pas)	s' (approcha)
je (n'avais pas perdu)	(as-) tu	lui (demanda)
j' (en aurais)	t' (aurais pas vu)	l' (affligeait)
je (ne t'aurais)	te (consoler)	t' (ai perdu)
je (n'aurais pas eu)	tu (as)	le (considéra)
	te (contenter)	se (mit)
	tu (as)	

Relever les adverbes : ainsi, ne pas, plus fort, encore, ne pas, ne pas, maintenant, ne pas, bien, davantage.

Analyser les verbes : pleurait, passait, s'approcha, demanda, j'aurais vu.

Dictée. — COURAGE ET GAIETÉ. Pendant une bataille, un général français avait reçu au genou une blessure dangereuse. Le chirurgien, immédiatement appelé, déclara qu'il fallait couper la cuisse. Les officiers, les soldats s'attristaient. Le général remarqua principalement son valet, qui paraissait éprouver un profond chagrin. « Pourquoi pleures-tu, mon bon Germain? lui dit-il, tu devrais être content, car tu n'auras plus qu'une botte à cirer. »

QUESTIONS, EXERCICES. — Conjuguer au présent de l'indicatif, à l'imparfait et au passé défini les verbes suivants, en changeant de verbe à chaque personne et en ajoutant un complément : *recevoir, appeler, couper, remarquer, éprouver, cirer.*

Je reçois (une blessure).	N. remarquons (un défaut).
Tu appelles (ton frère).	V. éprouvez (une douleur).
Il coupe (du pain).	Ils cirent (des souliers).
Je recevais (une lettre).	N. remarquions (une faute).
Tu appelais (ton chien).	V. éprouviez (de la peine).
Il coupait (le blé).	Ils ciraient (le parquet).
Je reçus (un cadeau).	N. remarquâmes (la beauté).
Tu appelas (ton père).	V. éprouvâtes (du chagrin).
Il coupa (du papier).	Ils cirèrent (des bottes).

Qu'est-ce qu'un *général*? Celui qui commande une armée. — Cherchez le complément direct de *avait reçu*. Une blessure. — Quel est le masculin de l'adjectif *dangereuse*? Dangereux. — Quel est le complément direct de *remarqua*? Son valet. — Son valet *qui...*, qu'est-ce que le mot *qui*? Un pronom relatif remplaçant valet. — A quel temps est : *tu devrais*? Au présent du conditionnel. — Quels sont les sujets de *s'attristaient*? Officiers, soldats. — De quelle qualité fit preuve ce général? Il montra un grand courage, car il devait souffrir beaucoup; mais il ne voulait pas se laisser abattre, parce que ses soldats, craignant de perdre leur général, n'auraient peut-être plus été aussi braves. — Que dire des petits enfants qui pleurent et crient à la moindre égratignure? Qu'ils sont douillets et ne méritent pas qu'on les plaigne.

EXERCICES D'ARITHMÉTIQUE

1. Questions. — Combien un double déca-
litre vaut-il de litres? 20 litres.

Combien 5 doubles décalitres valent-ils de
litres? et combien valent-ils d'hectolitres?
— Réponse : 100 litres. — 1 hectolitre.

2. Problèmes. — 1. Pierre a des billes dans
ses deux poches; il en a 48 en tout; mais il
en a 18 de plus dans l'une que dans l'autre.
Combien en a-t-il dans chacune?
48 — 18 = 30; 30 : 2 = 15; 48 — 15 = 33.
— Réponse : 15 et 33 billes.

2. On a partagé 32 768 francs entre un certain nombre de personnes : la 1re a la huitième partie de cette somme; la 2e a la huitième partie de la part de la 1re; la 3e a la
huitième partie de la part de la 2e, et ainsi
de suite, jusqu'à ce que l'une ait 1 franc.
Combien de personnes ont pris part à la dis-
tribution et quelle est la part de chacune?
32 768 : 8 = 4 096;   4 096 : 8 = 512;
512 : 8 = 64;   64 : 8 = 8;   8 : 8 = 1.

— Réponse : Il y a 5 personnes qui ont :
4 096 francs; 512 francs; 64 francs; 8 francs
et 1 franc.

3. Le sirop antiscorbutique (ou de baume
de Tolu) se vend 4 francs le litre ; quel est
le prix du décilitre? et quel est le prix d'un
flacon qui contient 2 dcl. 5? — Réponse :
1° 0 fr. 40 ; 2° 1 franc.

4. Nous respirons environ 16 fois par mi-
nute et nous absorbons environ 8 litres d'air
dans le même temps. Combien respirons-
nous de fois environ dans un jour? et combien avons-nous consommé de litres d'air?
— Réponse : 1° 23 040 fois; 2° 11 520 litres
d'air.

3. Divisions.

86850	5	95478	55
56	17370	404	1735
18		197	
35		328	
00		53	

RÉDACTIONS — CORRIGÉS

GRAMMAIRE DUPLESSIS

25° Rédaction (p. 77). *Résumez la dictée
et dites pourquoi vous aimez à voir un
marché.*

CORRIGÉ. — Le jour du marché, on voit les
fermiers, les fermières apporter à la ville les
produits de la ferme, les jardiniers les produits du jardin. Beaucoup de petits marchands viennent étaler en plein vent les
étoffes ou des objets variés. J'aime le jour
du marché à cause du mouvement qui se
fait dans la ville. On va. On vient. On se
rencontre. On cause. On rit. Le bruit joyeux
de la foule contraste avec le calme silencieux
des autres jours.

26° Rédaction (p. 82). *Raconter comment
saint Louis se plaisait à rendre la justice à
Vincennes.*

CANEVAS. — *Compléter les phrases.* Maintes
fois il arrivait que le roi saint Louis, en été,
allait au bois de Vincennes. Il s'adossait à
un chêne et tous ceux qui avaient affaire à
lui s'approchaient. Et alors il leur demandait :
« Y a-t-il des plaideurs prêts à exposer leurs
causes? » Et ceux qui étaient prêts à s'expliquer parlaient, discutaient. Quand le roi

voyait quelque chose à corriger dans le lan-
gage de ceux qui parlaient, lui-même le cor-
rigeait de sa bouche. Ce zèle pour la justice
le rendit populaire.

27° Rédaction (d'après l'image) (p. 85). *Racontez à votre manière la scène que vous
voyez représentée sur l'image.*

Un petit matelot, peu habitué à grimper aux
cordages des navires, fait son apprentissage.
Le voilà engagé dans les premiers cordages
du vaisseau. Il lui faut monter une échelle
de cordes. Il a les pieds nus, et ses pieds
non encore endurcis sont coupés par la
corde. Ses mains sont également coupées
par les cordages durs et rugueux. Le petit
matelot hésite. Il a peur de tomber, car l'échelle
n'est pas de bois : elle vacille et, de plus, le
mouvement du vaisseau la fait vaciller encore
davantage. Les vieux marins rient de la mine
embarrassée et des manières lourdes du petit
matelot. Mais l'enfant a du cœur. Il rassemble
ses forces. Il monte. Il grimpe. Les vieux
marins se regardent. « Bravo! » crient-ils.
Le petit matelot, encouragé, monte jusqu'au
haut de l'échelle. Ce sera un bon marin.

LAISSEZ VOLER LES OISEAUX.

Paroles de M. Delcasso.

2.

Quand les petits, nus et frémissants,
  Briseront leur coque légère,
Amis, respectez leurs jours innocents ;
  Ne touchez pas aux oiseaux naissants
  Blottis sous le sein de leur mère !

3.

Quand ils prendront leur vol, laissez-les
  S'ébattre joyeux au bocage ;
Loin d'eux les lacets, la glu, les filets ;
  Épargnez leur, pauvres oiselets,
  Le chat, la cuisine et la cage !

4.

Amis des fruits, des fleurs et des blés,
  Hôtes des greniers et des granges ;
Des larves, des vers destructeurs zélés,
  Ils font la guerre aux brigands ailés
  Qui dévorent grains et vendanges.

5.

Peuplez sapins, chênes et bouleaux,
  Rossignols, pinsons et linottes ;
Groupez vos accords, roulez vos solos ;
  Au bruit des vents, des feuilles, des flots
  Mêlez vos soupirs et vos notes.

Librairie HACHETTE ET Cⁱᵉ 79, boulevard Saint-Germain, Paris

H. LEMONNIER	**F. SCHRADER**
Professeur à la Faculté des lettres de Paris et à l'École des Beaux-Arts.	Directeur des Travaux cartographiques de la Librairie Hachette et Cⁱᵉ

MARCEL DUBOIS
Professeur de Géographie coloniale à la Sorbonne.

COURS DE GÉOGRAPHIE

Nouvelles éditions entièrement refondues avec la collaboration de
M. L. GALLOUEDEC
Professeur au Lycée Louis-le-Grand,
Membre du Conseil supérieur de l'Instruction publique.

Cours élémentaire (Notions générales. — La Terre. — La France).
Un vol. in-4°, cart.. . . . . 1 fr. 10
Cours moyen. (Certificat d'études). (*Géographie de la France et Étude sommaire des Cinq parties du Monde.* Un vol. in-4°, cart.. . . . . . 1 fr. 50
Cours supérieur. (Cours complémentaire et Brevet élémentaire). (*Géographie générale.— Les Cinq parties du Monde.— La France*). Un vol. in-4°, cartonné. . . . . 3 fr. 50

ON VEND SÉPARÉMENT
I. *Géographie générale : Les Cinq parties du Monde.* Un vol. in-4°, cart. 2 fr.
II. *Géographie générale : La France.* (Brevet élémentaire). Un vol. in-4°, cart. . . . . 2 fr.

Les ouvrages de géographie de MM. Lemonnier, Schrader et Marcel Dubois, entièrement refondus par M. Gallouédec, se distinguent par les particularités suivantes :

La nomenclature, réduite aux notions essentielles, ne comporte que les noms vraiment utiles à connaître ; on s'est efforcé d'introduire partout l'explication raisonnée qui donne un sens aux faits géographiques et assure un caractère scientifique à la géographie.

Chaque leçon est divisée en deux parties distinctes : l'une, composée en gros caractères et destinée, sinon à être apprise par cœur, du moins à être sue très exactement, comprend les données essentielles et les faits permanents qu'il n'est pas possible d'ignorer ; l'autre, composée en petits caractères, comprend, sous le titre de *Lectures,* des descriptions générales, des explications complémentaires, des données économiques, des applications pratiques de la géographie qui font surtout appel à l'imagination, au jugement, au raisonnement.

Chaque leçon est suivie d'une série de questions de contrôle et d'intelligence.

Les cartes, toutes refaites, sont d'une clarté et d'une lisibilité parfaites et toujours en regard des leçons qui les concernent.

L'illustration, enfin, a été l'objet d'un soin tout spécial : les leçons sont éclairées par des gravures nombreuses dont la plupart sont des reproductions photographiques.

G. MANUEL

CENT DICTÉES

DU

Certificat d'Études Primaires

SUIVIES DE QUESTIONS ET DE RÉPONSES

Une brochure in-16.. . . . . 60 c.

CENT RÉDACTIONS

DU

Certificat d'Études Primaires

SUIVIES DE PLANS, DE DÉVELOPPEMENTS
ET DE CONSEILS AUX CANDIDATS

Une brochure in-16.. 50 c.

DEUX CENTS PROBLÈMES

DU

Certificat d'Études Primaires

AVEC SOLUTIONS OU RÉPONSES

Une brochure in-16.. 40 c.

Les instituteurs et institutrices chargés de la préparation des candidats au Certificat d'études primaires apprécieront certainement ces trois brochures de M. G. Manuel, collections d'épreuves, judicieusement choisies, d'orthographe, de calcul et de rédaction données aux examens du Certificat d'études, qui leur permettront particulièrement, dans les quelques semaines précédant l'examen, d' « entraîner » leurs élèves d'une façon bien en rapport avec les exigences du programme de la partie écrite du Certificat d'études, de reviser méthodiquement à peu près l'ensemble des connaissances exigées pour y réussir et de mesurer exactement, sur des données précises, le savoir de leurs candidats.

1212-07. — Coulommiers. Imp. PAUL BRODARD. — 9-07.